Impressum:

© Katharina Rosch 2018
1. Auflage
Alle Rechte vorbehalten.
Nachdruck, auch auszugsweise, verboten.
Kontakt: Katharina Rosch | Helmstedter Str. 6 | 38102 Braunschweig
Covergestaltung: Katharina Rosch
Coverfoto und weitere Fotos/Bilder: pixaby

So erreichst Du Dein Ziel!

Ein Ratgeber für Menschen, die ankommen wollen

- mit praktischen Übungen -

von Katharina Rosch

Lizenzbestimmungen

Rechtliche Hinweise

Dieses Werk ist urheberrechtlich geschützt. Zuwiderhandlungen werden straf- und zivilrechtlich verfolgt. Ohne schriftliche Genehmigung der Autorin ist jegliche – auch auszugsweise – Vervielfältigung und Verbreitung nicht gestattet, sei es

- in gedruckter Form,
- durch fotomechanische Verfahren,
- auf Bild- und Tonträgern,
- auf Datenträgern aller Art.

Außer für den Eigengebrauch ist untersagt: das elektronische Speichern, insbesondere in Datenbanken, und das Verfügbarmachen für die Öffentlichkeit zum individuellen Abruf, zur Wiedergabe auf Bildschirmen und zum Ausdruck beim jeweiligen Nutzer. Dies schließt auch Pod-Casts, Videostreams usw. ein. Das Übersetzen in andere Sprachen ist ebenfalls ohne eine entsprechende Genehmigung untersagt!

Die Informationen in diesem Werk spiegeln die Sicht der Autorin aufgrund eigener Erfahrungen zum Zeitpunkt der Veröffentlichung dar. Bitte beachten Sie, dass sich gerade im Internet die Bedingungen ändern können.

Sämtliche Angaben und Anschriften wurden sorgfältig und nach bestem Wissen und Gewissen ermittelt. Trotzdem kann von Autorin und Verlag keine Haftung übernommen werden, da (Wirtschafts-)Daten in dieser schnelllebigen Zeit ständig Veränderungen ausgesetzt sind. Insbesondere muss darauf hingewiesen werden, dass sämtliche Anbieter für ihre Angebote selbst verantwortlich sind. Eine Haftung für fremde Angebote ist ausgeschlossen. Gegebenenfalls ist eine Beratung bei einem Anwalt, Wirtschafts- oder Steuerberater angeraten.

Sofern ich auf externe Webseiten fremder Dritter verlinke, mache ich mir deren Inhalte nicht zu eigen, und hafte somit auch nicht für die sich naturgemäß im Internet ständig ändernden Inhalte von Webseiten fremder Anbieter. Das gilt insbesondere auch für Links auf Softwareprogramme, deren Virenfreiheit wir trotz Überprüfung durch mich vor Aufnahme aufgrund von Updates etc. nicht garantieren können.

Autorin und Verlag sind nicht haftbar für Verluste, die durch den Gebrauch dieser Informationen entstehen sollten.

Die in diesem Werk erwähnten Anbieter und Quellen wurden zum Zeitpunkt der Niederschrift als zuverlässig eingestuft. Autorin und Verleger sind für deren Aktivitäten nicht verantwortlich.

Dieses Buch versteht sich als Basisinformationsquelle. Daraus resultierende Einkommen und Gewinne sind allein von Motivation, Ehrgeiz und Fähigkeiten des jeweiligen Lesers abhängig.

Sämtliche Markennamen, Logos usw. sind Eigentum ihrer jeweiligen Besitzer, die diese Publikation nicht veranlasst oder unterstützt haben. Über das Internet erhältliche Texte und Bilder, die in dieser Publikation verwendet werden, können geistiges Eigentum darstellen und dürfen nicht kopiert werden.

Inhalt

Lizenzbestimmungen 4

Danksagung 10

Vorwort: 11

Ein veraltetes Weltbild bestimmt unser Denken . 23

Die Quantentheorie 27

Das Gesetz von Ursache und Wirkung 37

Was ist Erfolg? 49

Lassen Sie sich nicht verführen 54

Warum positives Denken nicht hilft 70

Wie finden Sie Ziele? 84

Das Programmieren Ihrer Ziele 90

Die Übung: 93

Wichtig zu wissen: 98

Warum sollten Sie zum Wohle aller programmieren? 105

Ab jetzt wird es leichter 107

Welche Ziele sind erstrebenswert? 110

Visionen manifestieren für das Unternehmen ... 113

Öffnen Sie Ihr Denken 119

Ist es okay, sich Geld als Ziel zu setzen? 123

Sie müssen die Wirkung auch annehmen 132

Drei Ebenen des Denkens 141

Nicht in Problemen denken 147

Das Außen ist das Spiegelbild des Innen 156

Sie können sich mental selbst managen 170

Danksagung

Ohne die Inspiration von so vielen Menschen, ohne die Geduld meiner Freunde, denen ich von meinen Gedanken erzählen durfte, wäre dieses Buch so nicht entstanden. Ich danke Euch von ganzem Herzen!

Vorwort:

Wahrscheinlich sind Sie im Moment mit Ihrem Leben und dem, was Sie bisher erreicht haben, nicht zufrieden. Vielleicht haben Sie in der Vergangenheit schon einmal tolle Ziele erreicht, doch jetzt klappt es nicht mehr? Oder Sie wollen endlich auf einen grünen Zweig kommen? Egal, welches die Motivation für den Kauf dieses Buches war: Herzlichen Glückwunsch zu dieser Wahl! Sie haben eine Entscheidung getroffen! Die, endlich Ihre Ziele zu erreichen. Eine gute Entscheidung, wenn Sie mich fragen.

Wie sind Sie bislang vorgegangen, um Ihre Ziele zu erreichen? Haben Sie Ihr Ziel akribisch geplant? Oder hatten Sie einen Gedanken dazu im Kopf? Haben Sie sich eher treiben lassen und gehofft, dass Sie vorwärts kommen? Haben Sie sehr viel Energie verwendet und es dennoch nicht geschafft? Dem setzen Sie jetzt ein Ende, wenn Sie die Tipps und Ideen aus diesem Buch beherzigen und umsetzen!

Natürlich haben wir alle in der Regel auch irgendwelche Mankos mitbekommen. Nicht jeder Mensch ist hochintelligent, nicht jeder reich geboren, nicht jeder in der Kindheit ausreichend geliebt worden. Die Ausgangspunkte für jeden sind also verschieden. Und doch, das verspreche ich Ihnen, kann jeder, egal ob bislang der geborene Verlierer oder der Unternehmer, der ins Straucheln geraten ist, mit dem Umsetzen - und zwar bedingungslos - der Informationen endlich erfolgreich sein. Und das vielleicht schneller als er gedacht hat!

Dass das funktioniert, weiß die Autorin. Sie hat es selbst früher eher aus Zufall, heute mit Steuerung, erlebt!

Dazu verrate ich Ihnen heute eine kleine Geschichte: Im Oktober 2017 war ich für ein paar Tage in Berlin. Eine schöne Zeit für eine Berlin-Reise, denn zu diesem Zeitpunkt fand das Festival of Lights statt - abends wird es schon früh dunkel. So kann man wirklich tolle Bilder fotografieren. Am 5. Oktober in den Abendstunden wurde es stürmisch. Sehr stürmisch. Zwar habe ich davon zunächst nichts mitbekommen - die Buslinien und U-Bahnen, mit denen ich unterwegs war, fuhren -, doch Xaver (so hieß der Sturm) sollte seine nachhaltigen Spuren hinterlassen. Ich war mit dem Zug in Berlin - und erhielt am frühen Morgen die Nachricht, dass meine Zugfahrt sich wegen des Sturmes eventuell verzögern konnte.

Zunächst dachte ich mir nicht so viel dabei. Eine Verspätung, okay, umso länger könnte ich in Berlin bleiben. Ich hatte ja Urlaub. Ich war übrigens mit Begleitung dort, meine kleine Hündin und ein Freund. In der Mittagszeit offenbarte sich dann das Desaster: Am Bahnhof Zoo waren alle (!) Züge gestrichen. Selbst die S-Bahnen fuhren zu der Zeit nicht. Zu spät versuchte ich einen Mietwagen zu bekommen. Natürlich hatten andere Besucher längst diejenigen gebucht, die man am Zielort auch abgeben konnte. Also telefoniert und gegoogelt. Mit dem Ergebnis, dass ich in den frühen Abendstunden wahrscheinlich eine Fahrgelegenheit hätte bekommen können.

Mein Begleiter war in der Situation vielleicht etwas überfordert. Allerdings half er anderen

Gestrandeten mit Rat und Tat. Schließlich beschloss ich, dass wir zum Hauptbahnhof fahren sollten. Von dort aus fuhren vereinzelt Züge in Richtung Westen. Meist allerdings Südwesten. Auch der ursprünglich gebuchte Zug sollten vom Hauptbahnhof fahren. Jedoch mit anderer Strecke, die nicht an meinem Wohnort Braunschweig vorbei führte.

Was ging in dieser Zeit in mir vor? Das kann ich Ihnen verraten! Ich wusste, dass ich einen Weg nach Hause finden würde. Ich wusste, dass ich nachts in meinem Bett schlafen würde.

Am Hauptbahnhof angekommen, erlebte ich das bemerkenswerteste Gewusel. Tausende von Menschen versuchten nach Hause, zum Flughafen oder in den Urlaub zu kommen. Hier Schlangen, dort Schlangen. Die Anzeigetafeln zeigten überwiegend Zugausfälle an. Nur wenige Züge, aber immerhin die, fuhren. Aber keiner in Richtung meiner Heimat. Meine Begleitung stellte sich im Reisezentrum an. Dort erfuhren wir zwischendurch, dass es Busse in Richtung Hannover geben würde. Nur wie, wo und wann, das war nicht klar. Wir sollten unten noch einmal nachfragen. Wieder lange schlagen vor der Information - die uns am Ende gar nicht half. Zwischendurch kamen Menschen in den Bahnhof und offerierten private Mitfahrgelegenheiten - für einen unverschämten Preis pro Person. Doch ich blieb ganz ruhig und wusste, dass ich den Weg noch finden würde. Der Weg offenbarte sich einige Minuten später: Ein Mitarbeiter der Bahn informierte uns über die Abfahrtstelle der Busse in Richtung Hannover. Dort warteten allerdings auch schon einige hundert Menschen. Und es sollten nur noch drei Busse fahren. Der erste der drei war schnell belegt. Der nächste, eine halbe Stunde später, ebenfalls. Es gab sogar Tumulte. Dann ordneten einige Bahnpolizisten die Situation. Sie entschieden, wer mitdurfte: und wir gehörten dazu. Die nächste glückliche Fügung: Der Busfahrer hielt an der Raststätte Lappwald - dicht vor den Toren Braunschweigs. Wir nutzten die Chance und stiegen aus. Den anderen Fahrgästen wünschten wir alles Gute und beim Busfahrer bedankten wir uns herzlich.

Kurze Zeit später holte mein Sohn uns von der Raststätte ab - und ich konnte schon bald die Haustür aufschließen. Ja, ich verbrachte die Nacht in meinem eigenen Bett - und auch mein Hund, der alles so geduldig in seiner Reisebox mitgemacht hatte, war überglücklich.

Im vergangenen Jahr war mir noch nicht klar, mit welchen Kräften ich gearbeitet hatte. Nur war mir klar, dass ich so auf eine gute Lösung fixiert war, dass ich ein Scheitern gar nicht in Erwägung gezogen hatte. Ich hatte die Lösung förmlich magnetisch angezogen! So viele Zufälle konnten keine Zufälle mehr sein. (Ich habe die Geschichte noch etwas verkürzt.)

Warum läuft es nicht immer so im Leben? Das habe ich mich gefragt. Was war der Grund, warum ich im Oktober so leicht eine so große Herausforderung meistern konnte? Ein paar Monate später stieß ich darauf. Erneut, wie ich heute zugeben muss. Dahinter steckt System!

Dass es nicht sonst nicht geklappt hatte, dahinter steckt das gleiche System, nur in negativer

Hinsicht. Sie kennen das bestimmt auch, dass Sie in Ihrer Kindheit mit bestimmten Glaubenssätzen aufgewachsen sind: „Müßiggang ist aller Laster Anfang" - das war das Lieblingssprichwort meines Großvaters - oder „Geld ist schmutzig", „Die dümmsten Bauern ernten die dicksten Kartoffeln" und vieles mehr. Allzu oft hörte ich auch, dass man hart arbeiten müsse für sein Geld. Oder „Das macht man nicht" oder „Das funktioniert nicht". Ein beliebtes Sprichwort bei meiner Uroma: „Wer den Pfennig nicht ehrt, ist den Taler nicht wert." Mein Vater, 1940, also mitten im Krieg geboren, wuchs mit Mangel an allen Ecken und Enden auf. Auch später gönnte er sich in der Kantine immer nur das günstigste Essen. Wenn wir Kinder (ich habe zwei Geschwister in meiner Herkunftsfamilie) etwas wollten, hieß es immer: „Muss das jetzt sein?" Auch ich bin also mit Mangel aufgewachsen. Und ich bin zudem protestantisch erzogen worden. Das hat Spuren hinterlassen. Ich habe mir nie etwas gegönnt und geglaubt, dass ich einen guten Verdienst oder ein gutes Leben gar nicht verdient hätte. Doch stimmt das?

Warum fühlen wir Menschen uns denn so unwohl, wenn wir an irgendetwas Mangel leiden? Warum sind wir glücklich, wenn wir Dinge im Überfluss zu haben scheinen? Ist es wirklich ein Zeichen von besonders gutem Verhalten, wenn man sich nichts gönnt und versucht, das Gefühl des Mangels in ein Zufriedenheitsgefühl zu verwandeln? Oder sich das Leben mit dem Spruch schön zu reden: „Pech im Spiel, Glück in der Liebe". Ich bin absolut kein Schlagerfan, aber als ich während meines jungen Erwachsenendaseins das Lied von Gitte Haenning „Ich will alles" hörte, war ich paralysiert. Sie hatte das thematisiert, was ich im Grunde meines Herzens für richtig befand: „Ich will alles, ich will alles - und zwar sofort!"

Würden Sie mir glauben, wenn ich Ihnen jetzt sage, dass das nahezu genauso möglich ist? Dass es einen Weg dahin gibt, ein Leben in Wohlstand - in finanzieller, emotionaler und gesundheitlicher Hinsicht - zu führen? Ja, liebe Leserin, lieber Leser, es gibt diesen Weg! Und Sie haben ihn gerade gefunden. Sie halten ihn gerade quasi in Ihren Händen!

Doch der Weg wird nicht so einfach sein. Denn Sie müssen dafür auch einiges aufgeben: Ihr bisheriges Denken. Sie müssen aktiv zu denken lernen. Das ist anstrengend, denn Sie müssen Ihr altes Denken wirklich über Bord werfen. Wenn Sie das aber tun, dann steht einem Leben in Wohlstand und Liebe inklusive bester Gesundheit nichts mehr im Weg!

Eine kleine Inspiration dazu? Sie kennen sicherlich Albert Einstein. Wussten Sie, dass er einmal gesagt hat: „Wenn Sie denken, wie Sie immer gedacht haben, werden Sie so handeln, wie Sie immer gehandelt haben. Wenn Sie so handeln, wie Sie immer gehandelt haben, dann werden Sie das bewirken, was Sie immer bewirkt haben." Also, verändern Sie Ihr Denken, kommen Sie in ein anderes Handeln - und erreichen Sie neue Ziele! Sie müssen nur das beherzigen, was Johann-Wolfgang von Goethe einst gesagt hat: „Erfolg hat drei Buchstaben: TUN!"

Sehr gerne nehme ich Sie auf den folgenden Seiten mit auf eine neue Reise, in ein neues Denken, ein neues Handeln und das Erreichen neuer Ziele. Gleichwohl noch ein paar Worte: Es kann sein, dass Sie früher oder später auf Grenzen stoßen, die Sie nicht überschreiten können und wollen. Vielleicht zweifeln Sie an den Methoden und wollen nicht weitermachen? Das ist nicht schlimm - und Sie sind damit in allerbester Gesellschaft! Rund 95 Prozent der Menschen bleiben in ihrem normalen Leben oder fallen dorthinein zurück.

Es bedarf also etwas Ehrgeizes und den wirklichen Willen, dass Sie etwas ändern wollen. Sind Sie dabei? Gehören Sie zu den fünf Prozent? Herzlichen Glückwunsch! Ich freue mich sehr! Das Ziel lohnt wirklich sehr! Und je intensiver Sie mitmachen, desto schneller können Sie Ihre Ziele erreichen. Allerdings nur dann, wenn Sie nicht halbherzig sondern voller Überzeugung dabei sind, also Ihr Denken und auch Ihr Handeln ändern. Doch es lohnt sich wirklich! Und nicht nur dann, wenn Sie - wie ich - einer von tausenden von Menschen sind, die abends in ihrem Bett und nicht in einem stehenden Zug übernachten dürfen.

Einen Hinweis will ich mir auch nicht verkneifen. Auf die Idee hat mich einer meiner Mentoren gebracht. Als ich mein Denken und Handeln änderte, wurde ich von einigen Bekannten ziemlich belächelt. Sie beschimpften meine Übungen und meine Handlungen als Esoterik. Damit meinten sie sicherlich etwas anderes als die eigentliche Bedeutung des Wortes: es stammt aus dem Altgriechischen und bedeutet „dem Inneren zugehörig". Was daran ist schlimm, sich um sein Innerstes zu kümmern? Vor allen dann, wenn es nach außen hin einen so großen Erfolg hat?

Mein Erfolg? Ich habe seit April angefangen Bücher zu schreiben und zu veröffentlichen. Und ich verkaufe sie sogar. Ist das nicht wundervoll?

Ja, auch dieses gehört dazu. Vielleicht als Dankeschön für meinen Erfolg und als Wunsch, dass auch Sie es schaffen!

Das wünsche ich Ihnen von ganzem Herzen!

Ihre Katharina Rosch

P. S. Ich habe mich neben meinem Mentor auch von meiner Ausbildung zur Mediatorin, sowie von vielen Büchern zu diesem Buch inspirieren lassen. Es gibt zum Thema bereits sehr viel. Manche sind eher etwas phantastisch geschrieben, andere sehr theoretisch. Alle sind sie lohnend, wenn Sie erst einmal Ihren Geist dafür geöffnet haben. Als Grundlage diente mir „Die Wissenschaft des Weichwerdens" von Wallace D. Wattles. Auch das Buch „The Secret" von Rhonda Byrne sowie das Buch „Die Formel des Erfolgs" von Dirk-Michael Lambert sind unglaublich inspirierend. Es gibt ebenso tolle Webseiten, die - je nachdem, was Ihnen besser behagt - eher wissenschaftlich oder eher esoterisch dieses Thema behandeln. Ich wollte mich auf einen gangbaren Weg konzentrieren.

Ein veraltetes Weltbild bestimmt unser Denken

Kennen Sie René Descartes? Er war ein französischer Gelehrter, der in der Mitte des 17. Jahrhunderts das wissenschaftliche Denken revolutioniert hat. Wie hat Descartes das gemacht?

Während er in Holland sein geerbtes Vermögen auf den Kopf haute, kam er zu der Überzeugung, die Wahrheit über den Aufbau und die Bedeutung der materiellen Welt entdeckt zu haben. Er ging sehr analytisch vor und zerlegte Gedanken und Probleme in kleine Teile. Diese fügte er anschließend nach ihrer logischen Ordnung wieder zusammen. Somit hat Descartes Mitte des 17. Jahrhunderts die Wissenschaft mit der analytischen Denkmethode bereichert.

Das analytische Denken zog ein in das moderne wissenschaftliche Denken und hat sich bei der Entwicklung wissenschaftlicher Theorien - zum

Beispiel bei komplexen technologischen Projekten - alsbald als sehr nützlich erwiesen.

Noch etwas anderes tat der Gelehrte: Er trennte in seiner Naturanschauung Geist und Materie in zwei fundamental unterschiedliche Bereiche. Es wird erzählt, dass er anlässlich eines Trinkgelages in einer holländischen Kneipe, in der Tulpenzüchter verkehrten, mit Vertretern der Kirche darauf geeinigt habe, dass die Wissenschaft sich fortan mit der Erforschung der Materie beschäftigen werde und der Kirche das Gebiet des Geistes überlassen bliebe. Sehr lange Zeit überdauerte die Trennung von Geist und Materie - wie wir heute wissen, nicht immer zum Vorteil.

Bevor Descartes also die Trennung von Geist und Materie vorantrieb, stellten sich die Menschen unsere Erde als einen lebendigen Organismus vor, als Mutter Erde, die den Nährboden für alles Leben auf der Erde bereite.

Es liegt auf der Hand, dass eine solche Vorstellung der Erde einen großen Einfluss auf das

Verhalten der Menschen hatte. Kein Mensch wollte ohne weiteres der Erde schaden, indem er beispielsweise in ihren „Eingeweiden" nach Gold grub oder Mutter Erde sonstwie verstümmelte. Die Erde galt als lebendig und empfindsam. Somit sahen die Menschen es als als eine Verletzung des ethischen Verhaltens an, wenn man der Erde Schaden zufügte.

Das änderte sich mit der neuen Weltanschauung nach Descartes. Die Hemmungen fielen, das Universum wurde als mechanisches System verstanden. Und los ging es mit der Ausbeutung und Zerstörung der Erde - alles im Namen der Wissenschaft. Sogar Pflanzen und Tiere sah Descartes als eine Art Maschinen an.

Diese Denkweise zieht sich bis in die heutige Zeit hinein; wir reden von Treibstoff, wenn wir essen und sehen unser Herz als Pumpe an.

Doch jetzt, liebe Leserin, lieber Leser, fordere ich Sie auf, diese Denkweise abzulegen und wieder zum ganzheitlichen Denken zurückzukehren. Längst wissen wir, dass Körper, Geist und Seele viel enger zusammenhängen, als es uns die Wissenschaft lange Zeit hat weismachen wollen.

Die Quantentheorie

Kommen wir noch einmal auf Albert Einstein zurück: dieser veröffentlichte im Jahr 1905 zwei sehr interessante Arbeiten. Wir kennen alle die Relativitätstheorie des begnadeten Denkers. Das andere war eine neue Weise der Betrachtung der elektromagnetischen Strahlung. Diese ist charakteristisch für die Quantentheorie, die später zur Theorie von atomaren Phänomenen wurde. Mitte/Ende der 1920er Jahre hat ein Team aus Physikern gemeinsam die Quantentheorie vollständig erarbeitet und veröffentlicht. Ein Ergebnis: alles ist relativ.

Seinen Studierenden soll Einstein übrigens die Relativitätstheorie folgendermaßen erklärt haben: Wenn man zwei Stunden lang neben einem netten Mädchen sitzt, hat man das Gefühl, es sei gerade eine Minute vergangen. Sitzt man jedoch eine Minute auf einem heißen Ofen, fühlt sich das an, als wären das zwei Stunden gewesen.

Jeder von uns erlebt die Relativität täglich. An der Supermarktkasse zieht sich die Zeit wie Gummi, dafür verrennt die Zeit im Urlaub umso schneller.

Nachdem Max Planck, Albert Einstein, Niels Bohr, Louis de Broglie, Erwin Schrödinger, Wolfgang Pauli, Werner Heisenberg und Paul Dirac in den ersten drei Dekaden des 20. Jahrhunderts die Quantenmechanik oder -theorie formuliert hatten, geriet die Welt der Physik aus den Fugen. Mit einer solchen Theorie bzw. der darin enthaltenen Beobachtung wurde vieles aus der Physik auf den Kopf gestellt.

Ist Ihnen die Quantenphysik auch zu hoch? Das macht nichts, denn es geht an dieser Stelle nicht darum, dass Sie ein Physikstudium absolvieren sollen. Viele Physiker tun sich ebenfalls mit der Theorie schwer oder lehnen sie ab. Jedoch sind drei Dinge aus der Quantenphysik entscheidend: Atome sind nicht so feste und harte Teilchen, für die wir sie immer gehalten haben. Sie sind statt dessen ein Gefüge in einem Raum, in welchem sich noch kleinere Teilchen, die Elektronen, um den Kern bewegen. Die wichtigste Erkenntnis ist, dass die Elektronen oder auch de Atomkern, der aus Protonen und Neuronen besteht, keine Festkörper im Sinne der klassischen Physik sind. Man kann sie sich eher als abstrakte Gebilde mit einer doppelten Natur vorstellen. Je nachdem, wie wir sie ansehen, erscheinen sie mal als Teilchen, ein anderes mal als Wellen.

Eine Gruppe an Physikern wollte beweisen, dass Licht Materie ist. In Versuchen, in welchen man Licht einige Stunden lang auf eine goldbeschichtete Folie scheinen ließ und man anschließend die Folie untersuchte, stellte sich heraus, dass auf der Folie viele Einschüsse sichtbar waren - beinah als ob jemand mit einer Schrotflinte auf die Folie geschossen hätte. Somit erschien auch klar, dass Licht aus Materie bestehen muss.

Damit wollte sich eine andere Physikergruppe nicht einverstanden erklären. Sie baute den gleichen Versuch auf - und siehe da: die Einschüsse fehlten. Das Licht erwies sich in diesem Versuch als Welle.

Somit schien klar, dass die kleinsten Teilchen (Albert Einstein nannte sie Quanten, im Physikunterricht spricht man von Photonen) beides sein können: Welle (Energie) oder Materie. Die Erwartung der Wissenschaftler bzw. der Beobachter bestimmt das Ergebnis, ob es Materie oder Energie ist.

Diese Erkenntnis kann die Welt verändern - und sollte es auch. Können Sie sich vorstellen warum? Es sind Gedanken von einem Menschen, die bestimmen, ob eine Sache Materie oder Energie ist. Man kann sagen, dass es die Informationseinheiten sind, die das Quantenfeld _in Formation_ (Information) bringen.

Übertragen wir diese Erkenntnis auf uns Menschen, so müssten wir mit unseren Gedanken Dinge beeinflussen können. Wenn wir uns also immer wieder sagen - und daran glauben-, dass wir einen Test gut bestanden haben, dann haben wir den Test gut bestanden. Wir können uns eine Tatsache bzw. die Wirklichkeit erschaffen.

Springen Sie gerne noch einmal ein paar Zeilen zurück und lesen erneut, falls Sie von diesem physikalischen Experiment bis dato nichts gehört haben. Das Ergebnis zeigt deutlich, dass unsere Gedanken, die Energie sind, Einfluss auf die äußere Welt haben - und zwar viel direkter, als wir es je angenommen hätten. Unsere Gedanken, unser Gehirn bestimmt, ob etwas Energie oder ob es Materie ist. Die Informationen, die wir aussenden, bestimmen bei kleinsten Teilchen, wie sie sich verhalten sollen. Ob sie Energie bleiben oder sich in (eine) Formation bringen und zu Materie werden.

Wollen Sie mehr darüber wissen? Hier finden Sie ein paar weitere Informationen: https://www.weltderphysik.de/gebiet/teilchen/news/2014/licht-zu-materie/.

Ist das nicht verrückt? Unser Geist bestimmt, wie die Außenwelt aussieht! Wir sind also Schöpfer von Wirklichkeit, wir gestalten sie. Wenn das in so mikroskopisch kleinen Bereichen funktioniert, muss es dann nicht auch auf alles andere zutreffen? Das Leben ist Materie und Energie.

Und ja, es funktioniert tatsächlich. Sie kennen das alle: „Sie denken ganz intensiv an jemanden, den Sie schon länger nicht mehr gesehen und gesprochen haben. Ganz plötzlich erhalten Sie eine Nachricht von diesem Menschen oder er steht gar vor Ihnen. Sie haben den Kontakt quasi herbei gedacht.

Deswegen klappen auch andere Dinge, wenn Sie sie mit der richtigen Technik denken und senden. So kann ein: „Heute finde ich direkt vor der Tür einen Parkplatz" zum vollen Erfolg werden. Hätten Sie gedacht: „Ich muss mir dort einen Parkplatz suchen, hoffentlich ist es da nicht wieder so voll", hätten Sie einen weiten Fußmarsch vor sich gehabt.

Was bedeutet das? Sie beeinflussen die Realität? Nein, besser noch: Sie schaffen sich Ihre Realität! Mit Ihren Gedanken. Das, was Sie denken, das wird Realität. Verrückt, werden Sie jetzt denken. Und vielleicht sind Sie gerade schon dabei, das

Buch jetzt endgültig beiseite zu legen. Dann gehören Sie zu den 95 Prozent der Menschen. Vielleicht ärgern Sie sich sogar, dass Sie Geld für das Buch ausgeben und Ihre Zeit verschwendet haben? Bitte nicht, denn das bewirkte gerade etwas weniger Gutes in Ihrem Leben. Doch dazu erkläre ich erst an späterer Stelle mehr.

Sind Sie noch hier? Wundervoll! Egal, ob Sie mir gerade glauben oder es für eine Phantasterei halten. Ich freue mich sehr! Denn so haben Sie sich die Chance offen gehalten, den Weg weiter zu gehen. Und hoffentlich sind Sie offen genug, das eine oder andere einfach auszuprobieren?

Übrigens: Sie müssen im Moment ja auch niemandem erzählen, was für ein Buch Sie gerade lesen und welche Dinge darin stehen oder welche Übungen Sie machen. Behalten Sie es für den Anfang ruhig für sich. Und gehen Sie einfach mit Offenheit weiter mit mir.

Wenn Sie also Ihre eigene Realität erschaffen können, dann kann ich auch meine eigene schaffen, nicht wahr? Und wenn wir beide unsere

Realität schaffen, dann tun es auch all die anderen Menschen um uns herum. Entweder willentlich oder unabsichtlich. Eines aber ist sicher, jeder Mensch hat seine eigene Realität, seine eigene Wahrnehmung. Eine Welt, wie wir geglaubt haben, dass sie existiert, ist also gar nicht eine Welt sondern sind viele Welten. Wir erschaffen uns mit unserem Geist, mit unseren Gedanken ständig selbst unsere Wirklichkeit. Wir sind Schöpfer unserer Welt - bewusst oder unbewusst. Denn eines tun wir quasi immer: denken. Selbst wenn wir schlafen, lassen uns die Gedanken nicht in Ruhe. Unser Unterbewusstsein lässt uns das Erlebte in unseren Träumen verarbeiten.

Aus diesem Grund sollten wir zusehen, dass wir mit positiven Gedanken einschlafen. Das können Sie nicht beeinflussen?
Doch, das können Sie - und ich verrate Ihnen auch wie: zum Beispiel mit Meditationen. Die funktionieren sogar besonders gut, wenn Sie dazu Musik hören, die mit Alpha-Wellen hinterlegt ist. Alpha-Wellen bringen uns in einen Entspannungszustand. Es gibt auch geführte

Meditationen für bestimmte Ziele. Viele sind kostenfrei bei YouTube erhältlich, die sehr gut sein können. Doch für ein paar Euro bekommen Sie auf jeden Fall erprobte Meditationen. Wichtig bei solchen Meditationen ist, dass Sie die Stimme des Sprechers mögen. Sonst können Sie sich auf die Reisen ins Unterbewusstsein nicht einlassen.

Glauben Sie eigentlich an Gott? Und kennen Sie die Bibel? Dann dürften Ihnen nach der Lektüre dieses Buches einige Dinge, die in der Bibel stehen, plausibler vorkommen. Wenn Sie nicht an Gott glauben, so macht das überhaupt nichts. Dann sprechen Sie von Universum oder Ihrem Schutzengel oder einfach der Lebensenergie, wenn es um die Macht geht, mit der wir unser Leben in die Hand nehmen können.

Mit Ihren Gedanken sind Sie also Sender. Und die Welt draußen empfängt Ihre Gedanken. Dieses Universum ist quasi das Abbild Ihrer Gedanken - seien es Ihre eigenen oder die, die Sie irgendwo aufgeschnappt haben. Sie können bestimmen, was Sie erleben wollen. Das ist so ähnlich wie mit dem Fernseher. Dort bestimmen Sie, welchen

Kanal Sie sehen. Sport oder Spielfilm, Talkshow oder Tier-Doku. Sie müssen nur den auf Ihrer Fernbedienung programmierten Platz dafür anklicken. Sie entscheiden sich - genau wie im richtigen Leben - immer nur für einen Kanal zur gleichen Zeit. Selbst dann, wenn Sie durch die Programme zappen, empfangen Sie jeweils einen Kanal mit einem Programm. Deswegen geht es manchmal auch in Ihrem Leben etwas chaotisch zu: genauso wie die Gedanken in ihrem Kopf.

Zum Glück dauert es im Leben immer etwas länger, bis sich etwas manifestiert. Und noch besser: die positiven Gedanken haben mehr Kraft als Ihre negativen. Und doch ist es wichtig, dass Sie lernen, dass Sie Ihre Gedanken bestimmen können und das auch tunlichst machen sollten!

Das Gesetz von Ursache und Wirkung

Wie lange ist Ihr Physik-Unterricht her? Lange? Vielleicht können Sie sich doch noch ein wenig an dieses Gesetz von Ursache und Wirkung erinnern? Es wird auch Kausalitäts-Prinzip genannt und besagt ganz einfach folgendes: Wo eine Ursache ist, muss auch eine Wirkung sein. Wo eine Wirkung ist, muss auch eine Ursache sein. Das bedeutet, dass einer Wirkung eine Ursache vorausgegangen ist. Also zuerst die Ursache und dann die Wirkung!

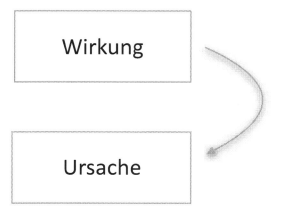

Das eine kann ohne das andere nicht sein, so lautet das Gesetz. Beide bedingen sich gegenseitig. Wenn also irgendwo eine Wirkung ist, muss auch eine Ursache da sein! Es sind sozusagen Gegenpole. Nehmen Sie die Wirkung weg, so gibt es auch keine Ursache mehr. Nehmen Sie die Ursache weg, verschwindet die Wirkung.

Warum beschreibe ich an dieser Stelle dieses Naturgesetz so intensiv? Was hat das mit dem Inhalt dieses Buches oder mit Ihrem Leben zu tun? Werfen wir also einen noch intensiveren Blick auf das Naturgesetz und analysieren es. Beginnen wir mit der Wirkung. Was ist das, eine Wirkung? Also eine Wirkung in Ihrem Leben? Das ist das, was Sie gerade erleben.

Können Sie mir noch folgen? Oder soll ich noch ein paar Schritte zurück gehen?

Also gut: Sie stehen in der Küche und sehen Wasserdampf. Das ist die Wirkung. Sie sehen den Wasserdampf jetzt. Er ist jetzt vorhanden. Die Ursache dafür haben Sie gesetzt, als Sie beschlossen haben, einen Tee zu kochen. Dann haben Sie das Wasser aufgesetzt und nun kocht es. Nicht anders ist es mit Ihrer Gegenwart im Leben. Ihr Zustand, seien Sie gerade krank oder gesund, fröhlich oder traurig, reich oder arm, das ist die Wirkung!

Wirkung ist immer das, was jetzt gerade ist. Also die Gegenwart. Sie können in diesem Fall auch das Wort Wirklichkeit als Synonym benutzen. Die Wirkung bzw. die Wirklichkeit ist, dass Sie gerade dieses Buch lesen. Es ist eine Tatsache - und die hatte eine Ursache. Nämlich, dass Sie das Buch gekauft oder geschenkt bekommen haben und sich entschlossen haben, darin zu lesen.

Haben Sie kürzlich in Ihrem Beruf einen Erfolg erlebt? Auch der war eine Wirkung. Sie haben davor die Ursachen gesetzt. Ohne die Ursachen wäre die Wirkung „beruflicher Erfolg" nicht eingetreten. Waren Sie in letzter Zeit einmal im Urlaub? Auch das war eine Wirkung. Sie haben wahrscheinlich die Reise vorher geplant und gebucht.

Alles, was Sie erreicht haben, auch Misserfolge, waren Wirkungen. Dass Sie geheiratet haben genauso wie die Geburt Ihres Kindes. Falls Sie geschieden sind, ist das auch eine Wirkung. Und genauso ist es mit dem Misserfolg an der Börse, dem verlorenen Fußballspiel oder der Unfall mit dem Auto. Alles Wirkungen!

Auch Ihre aktuellen Probleme oder glücklichen Momente haben jeweils eine Ursache. Deswegen ist alles, was gerade ist, also Ihre Realität, eine Ansammlung von Wirkungen. Und jede dieser Wirkungen hat jeweils eine Ursache.

So weit können Sie mir sicher zustimmen. Und nun kommen wir zu den Ursachen. Wenn jede Wirkung eine Ursache hat, was ist dann die Ursache? Die Ursache war immer Ihr Denken - sei es das fehlende oder das irrtümliche. Doch Ihr Geist, Ihr Gehirn mit seinen Gedanken ist bzw. war die Ursache zu dem, was Sie heute sind und was Sie heute erleben. Es ist Ihr Denken!

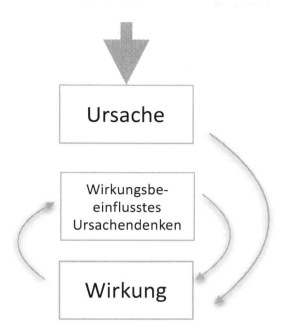

Gucken Sie sich die Skizze einmal ganz in Ruhe an. Ihre Gedanken setzen die Ursache, die Ursache bestimmt die Wirkung. Diese Tatsache ist elementar!

Wenn also quasi Ihr Denken, Ihre Gedanken, die Ursache waren, dann ist die Wirkung, also die Folge daraus, Ihre Gegenwart. Sie haben mit Ihren früheren Gedanken das Leben verursacht, welches Sie heute führen!

Mit anderen Worten haben Sie mit Ihren Gedanken - wissentlich oder unwissentlich - Ihr aktuelles Leben geschaffen! Solange es Ihnen gerade gut geht, ist die Erkenntnis eine schöne. Doch sitzen Sie gerade wie ein Häufchen Elend in Ihrer Wohnung und haben dieses Buch gegriffen, um endlich aus dem Trübsal heraus zu kommen, lesen Sie nun auch noch, dass Sie selbst Schuld sind. Das ist wie eine Ohrfeige, nicht wahr?

Doch trösten Sie sich: bisher haben Sie die Ursachen sehr häufig unbewusst und nicht willentlich gesetzt. Genau das soll sich aber - spätestens nach der Lektüre und Umsetzung dieses Buches - jetzt ändern!

Deswegen müssen Sie jetzt dennoch zuerst einmal die Verantwortung für Ihre derzeitige Situation übernehmen. Erst wenn Sie dieses Gesetz von Ursache und Wirkung annehmen und verinnerlichen, können Sie den nächsten Schritt gehen!

Übrigens hat auch Buddha das bereits gewusst. Ihm wird jedenfalls folgendes Zitat zugeordnet:

„Du bist heute das, was Du gestern gedacht hast."

Sind Sie einverstanden? Gehen Sie mit mir? Stimmen Sie zu, dass Sie es sind, der die Ursache für Ihr heutiges Sein gesetzt hat? Oder wollen Sie es machen, wie die meisten Menschen, wenn sie in der Bredouille sind? Die Schuld auf andere schieben, auf irgendwelche widrigen Umstände? Wollen Sie auch lieber eine der vielen Ausreden aus der Hosentasche ziehen und davon ablenken, dass Sie die Verantwortung für Ihr Handeln oder Ihr Nichthandeln tragen?

Nach dem Naturgesetz von Ursache und Wirkung kann das wohl kaum der Fall sein, nicht wahr? Sie ernten immer das, was Sie gesät haben. Haben Sie voller Missmut über das Projekt in der Firma gedacht und es nur halbherzig abgearbeitet? Sind Ihnen dabei Fakten durch die Lappen gegangen? War es Ihnen wichtiger, den Kaffee mit der netten Kollegin zu trinken, als Ihre Mails zu lesen? Ist nun Ihre Kollegin daran Schuld? Oder der Kaffee? Oder die Kaffeemaschine, weil sie so lange gebraucht hat, bis der Kaffee durchgelaufen ist?

Nein, tief in Ihrem Herzen wissen Sie, dass Sie derjenige waren, der diese Entscheidung getroffen hat, dem Kaffeeplausch den Vorzug zu geben!

Es ist wie beim Gärtnern, wenn Sie Ringelblumen säen, wachsen an dieser Stelle keine Sonnenblumen!

Es bleibt also dabei: Ihre Gedanken sind die Ursache für Ihre heutige Situation, so schwierig sie auch sein mag. Besonders dumm daran ist, dass Sie sich dessen sehr oft nicht einmal bewusst waren. Wir neigen dazu, unsere Gedanken einfach so laufen zu lassen. Ob es gute oder schlechte Gedanken sind, wir differenzieren da gar nicht. Wir denken und denken den lieben langen Tag und nehmen darauf kaum bis wenig Einfluss. Sie sind also deswegen das Ergebnis Ihres früheren Denkens, weil es Ihnen egal war, was Sie denken oder weil Sie nicht wussten, welche Wirkung Ihre Gedanken einst haben könnten.

Halten Sie jetzt mal einen Augenblick inne. Was haben Sie heute früh nach dem Aufstehen gedacht? Was beim Frühstück? Und was auf der Fahrt zur Arbeit? Wie oft haben Sie sich geärgert und Flüche gen Himmel geschickt? Wie viel schlechte Gedanken waren darunter? Oder wie oft haben Sie den neuen Auszubildenden gelobt? Sich gefreut über den Fortschritt Ihrer Kinder? Waren dankbar für das tolle Essen, dass Ihnen so gut geschmeckt hat? Merken Sie etwas? Sie haben fast immer Ihren Gedanken freien Lauf gelassen. Wer werden Sie wohl morgen sein? Wahrscheinlich ähnlich dem, der Sie heute sind, weil Sie bisher noch nichts geändert haben.

Nun hat nicht jeder noch so kleine Gedanke immer gleich eine Wirkung. Oft hebt er sich mit dem nächsten schon wieder auf. Zum Glück! Und noch besser: die negativen Gedanken haben eine geringere Wirkung als die positiven, meist fühlen Sie bei positiven Gedanken auch stärkere Emotionen. Die Summe Ihrer Gedanken macht aus dem Mix Ihr Ursache-Potential. Und dieses Potenzial entfaltet naturgemäß früher oder später seine Wirkung und macht Sie und Ihre Situation zu dem, was ist.

So erklärt sich auch der bekannte Spruch von Konfuzius. Der chinesische Gelehrte, der ca. ein halbes Jahrtausend vor Christi gelebt hat, soll gesagt haben: „Erzähle mir Deine Vergangenheit und ich werde Deine Zukunft erkennen." Ein weiser Philosoph, nicht wahr?

Vielleicht wollen Sie jetzt Widerspruch einlegen? Sie denken da an Zufälle, die Sie nicht beeinflussen können. Beispielsweise der plötzliche Starkregen, den Sie nicht vorausahnen konnten und deswegen ins Schleudern geraten sind? Das klingt auf den ersten Blick logisch, nicht wahr? Und doch ist es nicht so. Es gibt keine Zufälle. Ein Zufall ist immer die Wirkung einer Ursache. Das ergibt sich aus dem Gesetz von Ursache und Wirkung, haben Sie das schon vergessen? Nun werden Sie vielleicht erwidern, dass Sie in der Vergangenheit nie an einen solchen Unfall gedacht habe? Das glaube ich Ihnen. Und ich antworte: „Dennoch haben Sie die Ursache gelegt - und zwar nach dem Gesetz der

Vibration." Auf dieses Gesetz werde ich an späterer Stelle noch eingehen. Nur kurz zur Erklärung: Ihre negativen Gedanken hatten eine entsprechende Schwingung, die eine negative Wirkung mit der gleichen negativen Schwingung geschaffen hat.

Und abgesehen davon, heißt es doch nicht, dass die Wirkung ein Zufall wäre, nur weil Sie die Ursache nicht kennen. Weil Sie etwas nicht wissen, heißt es doch nicht, dass es das nicht gibt. Kennen Sie meinen kleinen Hund? Nein? Sie wussten nicht einmal, dass ich einen habe? So? Er existiert aber, das kann ich Ihnen versichern. Ich gehe jeden Tag mit ihm spazieren, spiele mit ihm, füttere ihn, bürste ihn, lache über ihn und manchmal, wenn es regnet, rieche ich ihn sehr intensiv.

Naturgesetze gelten immer. Zu jeder Tages- und Nachtzeit. Ob Sie sie kennen oder nicht. Oder schweben Sie tagein, tagaus durch Ihre Wohnung, weil Sie das Gesetz der Schwerkraft vergessen haben? Das, was wir Zufall nennen, das ist eine Wirkung, von deren Ursache wir keine

Ahnung haben, wann und wie wir sie gesetzt haben! Nicht mehr und auch nicht weniger! Ganz schön starker Tobak, nicht wahr?

Und doch ist es genauso. Nur weil wir etwas nicht wissen, heißt es eben nicht, dass es nicht existent ist. Als Kleinkinder können wir eine Decke über uns legen und glauben dann, dass wir verschwunden sind, als Erwachsene wissen wir, dass sich blind, dumm oder taub stellen nichts nützt. Die Realität, also die Wirkung, ist gleichwohl da! Und nur, weil wir gerade schwer von Begriff sind und nicht mehr wissen, was wir in der Vergangenheit so alles gedacht haben, kommen wir vielleicht nicht mehr auf die Ursachen, die wir gesetzt haben. Die Wirkung ist uns aber klar vor Augen.

Ab jetzt soll sich das zum Glück für Sie ja auch ändern. Sie beginnen mit dem heutigen Tag, Ihre Gedanken in den Griff zu bekommen. Und ja, Sie können über Ihre Gedanken bestimmen. Oder wer sollte sonst darüber bestimmen können, wenn Sie es nicht sind?

Was ist Erfolg?

Was, glauben Sie, ist Erfolg? Ich behaupte, dass er mitunter ein gefährlicher Irrtum ist und erkläre Ihnen auch gleich, warum ich der Meinung bin.

Nach Definition ist Erfolg das, was gesetzmäßig erfolgt. Also müssen Sie sich erst etwas vorstellen, bevor ein Erfolg die Wirkung sein kann. Erst die Gedanken, dann die Einbildung - Sie machen sich schließlich ein Bild davon - und dann die dazugehörige Wirkung. Also stimmt das auch, wenn das Ergebnis nicht für Sie zufriedenstellend oder sogar völlig negativ war, ist es die Wirkung, bzw. der Erfolg. Es ist immer die Wirkung, die ERFOLGt.

Merken Sie etwas? Sie haben immer Erfolg! Auch dann, wenn Ihr Kind weinend am Geburtstagstisch sitzt, weil Sie statt Zucker Salz in den Geburtstagskuchen gerührt haben. Ein voller Erfolg!

Und der Nachbar von gegenüber, den Sie die ganze Zeit für einen Versager gehalten haben?

Alles, was er anpackt, geht irgendwie schief? In Wirklichkeit ist er ein Erfolgstyp! Er setzt die Ursache und erhält die Wirkung, ganz genauso wie Sie!

Wollen Sie noch ein Beispiel? Ein junger Mann geht in einen Buchladen, sucht sich in der Esoterik-Ecke Bücher zum Thema Erfolg raus und kauft auch noch ein Hörbuch im Sonderangebot mit. Das Hörbuch verspricht: „Erfolgreich werden". Zuhause angekommen legt er die CD in seinen CD-Player ein und setzt die Kopfhörer auf. Laut und deutlich klingen die Sätze in seinen Ohren: „Du bist erfolgreich, Du bist immer und überall erfolgreich! Du kannst gar nicht anders als immer Erfolg zu haben." Wirkt die Auto-Suggestion bei dem jungen Mann? Aber ja. Er wird unglaublich erfolgreich - im Versagen! Er rasselt durch die wichtige Prüfung, verpasst den Bus zum Vorstellungsgespräch, verliert sein Portemonnaie mit allen Papieren. Und das alles extrem erfolgreich!

Dank der CD hat er sein Versagen sogar noch perfektioniert! Tolles Ergebnis, nicht wahr? Und dem Autoren der CD kann niemand einen Vorwurf machen. Er hat seine Aufgabe ja gut erledigt. Der junge Mann hatte Erfolg! Vollen Erfolg. Er sitzt jetzt alleine in einer kleinen Einzimmerwohnung und lebt erfolgreich von Hartz4.

Was ist mit dem jungen Mann passiert, dass er so einen negativen - wenngleich unglaublich vollständigen - Erfolg hatte? Sie können davon ausgehen, dass er die Suggestionstechniken, mit denen er sich auf Erfolg programmieren wollte, richtig angewendet hat. Und doch muss etwas schief gelaufen sein, nicht wahr?

Kommen wir dem negativen Erfolg einmal auf die Spur. Wenn die Programmierung durch die Suggestion erfolgreich war, dann war ganz offenbar die Ursache die falsche. Können Sie mir folgen? Der junge Mann hatte in seinem Kopf ganz viel negative Programme. Er befürchtete, durch die Prüfung zu rasseln, weil er das schon häufiger geschafft hat - obwohl er gut gelernt hatte und auch nicht dumm ist. Einer seiner Glaubenssätze, die er von der Kindheit an mit sich herumtrug, lautete möglicherweise ganz einfach:

„Ich bin ein Versager. Alles, was ich anfange, geht schief". Oder: „Das habe ich nicht verdient." Oder: „Ich bin einfach ein Spätzünder, deswegen komme ich auch überallhin zu spät." Oder: „Ich bin ein Hans-guck-in-die-Luft, ich kann einfach nicht auf meine Sachen aufpassen."

Merken Sie etwas? All diese Glaubenssätze haben sich mit der gehörten CD noch weiter in ihm manifestiert!

Bevor Sie also beginnen, mit einer Auto-Suggestion zu arbeiten, überlegen Sie sich ganz genau, welche Wirkung Sie erzielen wollen. Am besten sogar ganz konkret. Verstehen Sie unter Erfolg im Beruf, dass Sie alle zwei Jahre einen Karrieresprung machen? Dann denken Sie auch genau an das, wenn Sie beginnen, sich den beruflichen Erfolg als Glaubenssatz zurecht zu legen. Wollen Sie mehr Geld verdienen - und das ist dann Erfolg für Sie? Dann sagen Sie sich, dass Sie den Betrag X mehr verdienen wollen. Denn mehr verdienen Sie auch, wenn Sie eine Gehaltserhöhung von 50 Euro bekommen, durch die steuerliche Progression aber nichts dabei für

Sie herumkommt. Seien Sie ganz konkret mit Ihrem Erfolgsbegriff! Wollen Sie in der Liebe erfolgreich sein? Dann fragen Sie sich, wie Ihr künftiger Partner sein soll - und manifestieren Sie, dass Sie einen solchen Partner haben wollen. Konkreter verrate ich Ihnen das aber noch später im Buch.

Lassen Sie sich nicht verführen...

Oh weh, jetzt habe ich Sie sicher schon ziemlich beansprucht mit der Tatsache, dass es keine Zufälle im Leben gibt. Die bequeme Ausrede funktioniert mit diesem Wissen nicht mehr. Auf einmal sollen Sie für alles und jedes in Ihrem Leben die Verantwortung übernehmen. Ja, das ist schwer - und anstrengend!

Dann haben ich Ihnen aufgeführt, dass Sie mit dem Thema Erfolg womöglich völlig falsch liegen, dass Sie mit den schlimmsten Auswirkungen sogar besonders erfolgreich waren. Ihr Weltbild ist gewiss gehörig durcheinander gerüttelt worden. Und es ist auch ziemlich grausam, sich eingestehen zu müssen, dass Sie wirklich selbst für alles verantwortlich sind, was Ihnen widerfahren ist und Sie im Grunde alles selbst verursacht haben, auch wenn Sie es nicht besser wussten.

Bestimmt kommen Zweifel und Fragen auf. Wie kann das sein, dass ich alles verschuldet habe? Stopp, ich habe nicht von Schuld gesprochen. Das Wort sollten Sie ruhig wieder streichen. Sie haben es verursacht. Das ist schlimm genug. Doch Schuld haben Sie sich keine aufgeladen. Immerhin!

Jetzt denken Sie vielleicht eine Weile nach. Und schon kommt ein Gedanke auf: Sie leben doch gar nicht alleine auf dieser Welt. Sie haben immer mit anderen Menschen zu tun. Zuhause mit Ihrer Familie, auf der Arbeit mit den Kollegen und Kunden, im Straßenverkehr mit den anderen Verkehrsteilnehmern. Wenn ich Ursachen setze, dann setzen diese Menschen ja auch Ursachen und haben Wirkungen. Und diese Wirkungen berühren mich auch. Also können Sie zumindest nicht völig allein verantwortlich sein. Die anderen müssen an Ihrer Ursache mit deren Ursachen mitgewirkt haben! Das ist schon alles ziemlich verwirrend, oder?

Jetzt halten Sie sich fest: Ich behaupte allen Ernstes, dass es doch nur ganz alleine Sie gewesen sind, Sie und Ihre Gedanken in der Vergangenheit, die alle Ursachen für alle Wirkungen gesetzt haben. Das, was aber stimmt: Sie haben andere sehr stark Ihre Gedanken beeinflussen lassen und tun das wahrscheinlich auch heute noch. Vielleicht lassen Sie sich sogar geradezu manipulieren?

Mit Sicherheit sind Ihre Gedanken sehr häufig fremdbestimmt. Und deswegen setzen Sie immer wieder Ursachen, die solche Wirkungen in Ihr Leben bringen, die Sie nicht haben wollen. Wer will schon die Ursache für seine eigene Arbeitslosigkeit gesetzt haben? Und sich das dann auch noch eingestehen? Oder gar die Firmenpleite? Hoffnungsvoll mit mehreren Millionen als Startkapital gestartet und grandios an die Wand gefahren? Und Sie sollen das verursacht haben, weil Sie sich von anderen Menschen manipulieren lassen haben?

Wer sollen diese anderen Menschen gewesen sein? Ihr Mitgesellschafter, der Schurke? - Vorsicht, Sie denken gerade negativ, wenn Sie Schurke denken. - Sind es die Medien, die dauernd mit ihren Schlagzeilen auf Sie einwirken? Die Nachrichten im Fernsehen? Die Zeitungen? Die Radiosendungen? Oder gar das Internet? Facebook, Twitter, Pinterest? Instagram? YouTube? Google? Mal hören Sie von Mord- und Totschlag, dann lesen Sie: „danke Merkel" - und wissen schon, dass wieder etwas im Argen ist.

Sie sehen niedliche Tierfilme oder Folterungen, Sie lesen, dass heute an den Alpen der Fön für Kopfschmerzen sorgen wird - und spüren bereits den ersten Schmerz an den Schläfen? Sie sehen, dass eine Frau ohne eine Schönheits-OP oder wenigstens Botox ab 35 Jahren nicht mehr attraktiv ist. Vor Ihnen poppt eine Nachricht auf, dass Glyphosat weiter auf den Feldern aufgebracht werden darf und die Zahl der Krebsfälle in Deutschland wieder ansteigt. Prompt fühlen Sie sich unwohl...

Ja, all diese Inhalte, manche mehr andere weniger, beeinflussen Ihr Denken! Je negativer die Bilder und Schlagzeilen, desto negativer wirkt sich das auf Ihr Denken aus! Vielleicht sollten Sie also nur noch niedliche Katzenvideos schauen?

An sich nicht einmal so eine schlechte Idee - nur leider ein wenig an der Wirklichkeit vorbei, oder?

Haben Sie gewusst, dass jedesmal, wenn Sie einen Gedanken formulieren, Energie entsteht? Sie ist tatsächlich physikalisch messbar. Sonst gäbe es auch keine EEGs die die Gehirnströme messen können, nicht wahr? Ich kann also für Sie festhalten: Denken = Energie. Sei produzieren also ständig Energie. Auch deswegen müssen Sie essen. Ihr Gehirn liebt Kohlehydrate! Deswegen greifen viele Menschen zum Traubenzucker, wenn es um Denksportaufgaben geht. Das Gehirn benötigt zugeführte Energie, die es in einen Gedanken umwandelt, dessen Energie physikalisch messbar ist. Faszinierend, oder?

Erinnern Sie sich noch an Ihren Physikunterricht? Was haben wir damals nicht noch gelernt: Energie ist. Sie ist immer existent und kann niemals verloren gehen. Nur von einer Form in die andere übergehen. Jetzt erinnern Sie sich bestimmt! Wie hieß es da noch? Sie kann in Wärme umgewandelt werden (das tun wir immer im Winter, wenn wir beispielsweise den Kaminofen anfeuern), auch in Licht kann sie umgewandelt werden (sonst säßen wir ja auch im Dunkeln), in Schall ebenfalls und sie kann in Materie umgewandelt werden.

<< Ob das allerdings nicht noch ergänzt werden muss? Dass Energie von einem minderwertigen in einen höhenwertigen Zustand gewandelt werden kann? Ich stelle mir das jedenfalls so vor. Und damit erkläre ich mir die Schöpfung und Entwicklung unserer Welt.>>

Nun aber zurück zur Aussage: Energie kann umgewandelt werden, wird aber nie vernichtet.

Jetzt gehen wir einen Schritt weiter bzw. auch irgendwie zurück zu den Medien. Stellen Sie sich vor, wie in den Medien - vor allem in solchen mit vier Buchstaben - über einen Schulbusunfall berichtet wird. Große Bilder, große Schlagzeilen. Der Busfahrer war angetrunken. Sehr ausführlich wird darüber berichtet, dass der Busfahrer regelmäßig vor den Fahrten seinen Flachmann aus der Tasche gezogen haben soll. Was in diesem Boulevard-Blatt gestanden hat, haben viele, viele Menschen gelesen. andere Medien haben die Berichterstattung übernommen. Tausende von Menschen wissen nun von dem Unfall und der Ursache Alkohol. Wenn Sie so etwas lesen, können Sie gar nicht darüber nicht denken. Selbst wenn Sie es nicht bewusst tun, so denkt es sich in Ihrem Kopf quasi von alleine! Keine vier Wochen später lesen Sie bereits vom nächsten Vorfall: dieses Mal ein Beinahe-Unfall. Und wieder soll der Busfahrer Alkohol getrunken haben. Merken Sie schon etwas?

Ein noch besseres Beispiel findet sich im Bereich der Haustiere: Kampfhunde. Ein Wort, welches man in den 1970-er Jahren noch nicht einmal kannte, ist heute in aller Munde. Und jeder weiß genau, welches sie gefährlichsten Rassen sind: Es sind die Mastinos, die Staffordshire, die Bullterrier oder Rottweiler. Nicht umsonst gibt es für diese Hunde besonders strenge Auflagen, nicht wahr? Solche Hunde sind unberechenbar und gefährlich. Waren da nicht schlimme Beißvorfälle? Haben da nicht Rottweiler Kinder tot gebissen? Jetzt erinnern Sie sich bestimmt an noch weitere Fälle, nicht wahr? Nur kurz zur Ehrenrettung der wirklich guten Familienhunderasse, die nach der schönen Stadt Rottweil benannt wurde: am häufigsten beißen Dackel und der brave deutsche Schäferhund zu!

Dennoch, mit jeder solchen Schlagzeile wird ein gefährliches Denken in Gang gesetzt. Kaum gab es einen Unfall, steht bald daraufhin der nächste in den Schlagzeilen. Mit Flugzeugabstürzen ist es nicht anders. Es gibt immer wieder geballte Vorfälle von tragischen Ereignissen. Aber warum?

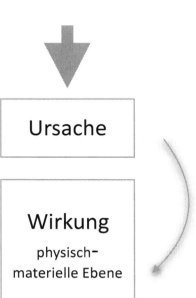

Sehen Sie sich einmal die Skizze an: Mit jeder Schlagzeile, die Sie lesen - und sich Gedanken darüber machen - helfen Sie mit, dass ein wirkungsbeeinflusstes Denken entsteht. Eine gefährliche Spirale! Kaum hat ein angetrunkener Busfahrer seinen Bus in einen Graben gelenkt, passiert bereits der nächste Unfall mit einem betrunkenen Busfahrer. Oder ein Flugzeug stürzt ab, das nächste lässt nicht lange auf sich warten.

Oder ein Rechtsruck in den europäischen Ländern. Kaum gibt es den in einem Land, schon folgen andere Länder. Erleben wir das nicht gerade in den späten 2010er Jahren? Erinnern Sie sich noch an die Finanzkrise? Eine so genannte Blase nach der anderen platzte.

Ja, Sie helfen wirklich mit Ihrer Energie mit, dass weitere solche Vorfälle passieren. Selbst dann, wenn es nicht Ihr Ziel ist, so denken Sie unbewusst eben doch daran. Und auch genau dann, wenn Sie eigentlich das Gegenteil wollen.

Merken Sie, dass Sie und alle Mitmenschen mit Hilfe der Medien, die Ihre Aufmerksamkeit erhalten - also Ihre Energie bekommen -, geradezu solche Vorfälle entstehen lassen, die Sie so nicht haben wollen? Sie werden wie jeder andere Durchschnittsmensch nicht nur als Spielball benutzt, sondern liefern ungewollt Ihre Energie dazu. Energielieferant für Menschen, die das Gesetz von Ursache und Wirkung in der Regel bestens kennen und verstehen! Oder warum meinen Sie, dass Deutschlands Verleger-Familien so unglaublich wohlhabend sind?

Warum sind einige Verlage so mächtig geworden? So mächtig, dass sie einen Bundespräsidenten zu Fall bringen können. So mächtig, dass sie bestimmen können, wie die Wahl ausgeht? Erinnern Sie sich noch an den Facebook-Datenskandal? Da haben russische Organisationen mit entsprechenden Veröffentlichungen Einfluss auf das Ergebnis zur Präsidentenwahl genommen!

Wir sind alle nicht davor gefeit, nicht auf die besondere Art der Berichterstattung der Massenmedien hereinzufallen. Sie bedienen sich der entsprechenden Sprache, sie formulieren und wecken mit Bildern Gedanken und Ängste. Damit steuern gerade heute die Massenmedien viele Ursachen und erhalten dann die erzielten Wirkungen. Sie können die politische Richtung einer ganzen Nation beeinflussen, Energiekrisen herbei schreiben oder die Stimmung in einem Land gegen eine bestimmte Menschengruppe manipulieren.

Es gibt immer wieder Menschen, die fordern, dass die Medien doch in Zukunft verstärkt positive Nachrichten schreiben sollten. Vom Ursache-Wirkungs-Prinzip her gesehen eine tolle Idee. So könnten wir als Land wieder einen freundlicheren Umgangston bekommen, die Umwelt sauberer hinterlassen und uns einen Ponyhof schaffen. Könnten, leider, denn in einem haben die Medienvertreter recht, dass wir keine Zeitung kaufen würden, die Nachrichten nicht anschalteten, wenn nur solche positiven Berichte gebracht würden! Wir Menschen lesen gerne Schlagzeilen, neigen selbst zu Übertreibungen, und finden es so ganz und gar langweilig, wenn alles nur schön wäre. Wo bliebe da der Nervenkitzel?

Ich kann mich da nicht einmal ausnehmen. Abgesehen davon habe ich einige Jahre als Journalistin gearbeitet und kann meine Hände somit auch nicht in Unschuld waschen. Doch ich habe schon vor längerer Zeit die Konsequenzen gezogen: Ich sehe nicht mehr fern. Nein, wirklich nicht. Ab und zu gucke ich Musik-DVDs oder

Filme, die ich schön finde. Warum? Weil ich gemerkt habe, dass all diese Dinge keinen guten Einfluss auf mich haben - lange bevor ich erneut auf dieses Gesetz von Ursache und Wirkung und dessen Bedeutung gestoßen bin. Ich arbeite auch schon länger nicht mehr für die Zeitung. Und ich habe manche Berichterstattung schon damals abgelehnt. Dann haben es zwar andere Kollegen geschrieben, aber dafür hatte ich keine Verantwortung.

Wie geht es Ihnen? Lesen Sie gerne die Schlagzeilen in den Zeitungen? Kann es Ihnen manchmal gar nicht schlimm genug gewesen sein? Tratschen Sie gerne mit den Kollegen oder den Nachbarn? Wer hat was warum getan? Oder sehen Sie eher die positiven Dinge, wenn Sie durch die Stadt gehen? Sehen Sie die Schönheit oder sehen Sie den Dreck?

Warum scheint uns Menschen die Lust an negativen Dingen angeboren zu sein? Und wie können wir uns davon lösen? Oder wollen Sie so weitermachen wie bisher?

Kommen wir einmal auf unser Unterbewusstsein zu sprechen. Unser Unterbewusstsein ist viel mächtiger als unser Bewusstsein. Hätten Sie das gedacht? Etwa 90 Prozent von unserem Tun und Handeln wird von unserem Unterbewusstsein gesteuert. Nur die kläglichen zehn Prozent Rest können wir bewusst steuern.

Wussten Sie, dass Ihr Unterbewusstsein wie ein Zähler funktioniert? Es zählt fortwährend die negativen und die positiven Gedanken. Ob ein Gedanke mehr wiegt als der andere, das wiederum läuft ausschließlich im Bewusstsein ab.

Und dann gibt es da noch diese eine Sache: die Sache mit dem ersten Eindruck. Das Unterbewusstsein nimmt den ersten Impuls auf und will ihn auch bestätigt wissen. Wenn also der erste Eindruck negativ ist, dann bleibt die ganze Sache negativ.

Sie kennen doch gewiss den Spruch: „Für den ersten Eindruck gibt es keine zweite Chance"? Dumm, nicht wahr? So ist es, wenn Sie morgens aufstehen und sich den kleinen Zeh stoßen - und das noch am Freitag, dem 13. Kann dieser Tag noch gut werden? Oder im Restaurant, wo Sie sich nicht freundlich begrüßt fühlen, befürchten Sie sofort, dass das Essen keine gute Qualität haben wird. Und tatsächlich ist das Gemüse verkocht. Dass dafür das Eis aus eigener Herstellung besonders gut gemacht ist oder der Tisch liebevoll eingedeckt war, haben Sie gar nicht mehr wahrgenommen. Der Abend ist gelaufen.

Kennen Sie noch den ersten Impuls, den Ihr Unterbewusstsein aufnahm, als Sie auf die Welt kamen? Nein? Er war mit Sicherheit negativ. Denn Sie kamen aus optimalen Bedingungen in annähernder Schwerelosigkeit, angenehm temperiert, gedämpfter Schall, angenehm weiches Licht, immer satt, über die Nabelschnur versorgt, auf sehr unangenehme Weise auf die Welt. Enge und Drücken, vielleicht eine Zange um Ihren Kopf, hinein in gleißendes Licht, laut und kühl. Jemand griff Sie an den Beinen und hob Sie hoch. Sie waren erschrocken oder paralysiert. Der erste Atemzug tat weh. Sie haben angefangen zu schreien und zu weinen.

Mit etwas Glück wurden Sie jetzt auf den Bauch Ihrer Mutter gelegt. Doch diesen Schock haben Sie immer noch in Ihrem Unterbewusstsein. Vielleicht erklärt dieser Umstand, dass wir Menschen dazu neigen, negative Dinge zu suchen? Möglicherweise ist damit ein Automatismus in Gang gesetzt worden, der uns Negatives erwarten lässt? Die meisten Menschen schaffen es nicht, diese unbewusste Sucht nach negativen Erlebnissen abzulegen. Nur etwa fünf Prozent der Menschen... Aber das schrieb ich schon zu Anfang.

Da können uns die Psychologen noch so oft fragen, ob unser Glas halbvoll oder halbleer ist. Und meinen, alleine ein solcher Vergleich könne uns vom Pessimisten zum Optimisten umpolen! Es gibt allerdings durchaus Lösungsmöglichkeiten, optimistischer zu denken. Eine Technik, die hilft solche und andere Probleme zu lösen, spreche ich später noch an.

Warum positives Denken nicht hilft

Bis hierhin sind Sie mehr oder weniger geduldig meinen Ausführungen über das Gesetz von Ursache und Wirkung und der Verbindung auch zu Ihrem Leben gefolgt. Hier und da haben Sie vielleicht gemerkt, dass Sie dieses Gesetz immer schon anwenden.

- Wie Kermit der Frosch in der Sesamstraße mit der Was-passiert-dann-Maschine. Das Radio wird angeschaltet, also ein toller Erfolg. Nur leider fliegt es mit dem Ballon davon -

Zurück zu Ihnen: Sie benutzen das Gesetz also schon von Anfang an. Sie haben gewiss positive und negative Beispiele im Kopf. Vielleicht, dass Sie damals in der Schule den Ball zum ersten Mal geköpft haben und auf diese Weise ein Tor für ihre Mannschaft erzielen konnten. Das nächste Mal aber spielten Sie mit Ihrem Kopfball dem Gegner in die Hände.

Sie wollen sicher jetzt wissen, wie Sie das Gesetz ab sofort bewusst anwenden können. Was müssen Sie tun, um die Resultate, also die Wirklichkeit zu erschaffen, die Sie sich wünschen?

Schauen wir noch einmal auf eine Skizze über das Denken:

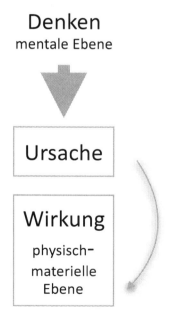

Die logische Schlussfolgerung scheint zu sein, dass Sie einfach auf der mentalen Ebene anfangen müssen. Also ganz einfach: Sie müssen fortan positiv denken. Wenn Sie positiv denken, entsteht eine positive Ursache und diese positive Ursache schafft die positive Wirklichkeit, die Sie sich so wünschen.

Ja, das könnte so einfach sein! Ist es aber nicht!

Statt mit der Ursache anzufangen, müssen Sie bei diesem Gesetz mit der Wirkung anfangen? Verwirrend, nicht wahr? Ich verwirre Sie gerne weiter: Sie sollen bei der Wirkung anfangen, die noch nicht einmal Realität ist! Wie das jetzt? Bevor Sie Ihren Gedanken zu Ende denken, sollten Sie sich fragen, welche Wirkung Sie haben möchten? Und bitte nicht Erfolg, das hatten wir bereits. Nein, konkret, was ist Ihr Ziel? Wollen Sie eine Gehaltserhöhung haben, die netto 200 Euro ausmacht? Dann sagen Sie das auch so! Eiern Sie nicht herum!

Also: der erste Schritt heißt: Sie **wissen**, was Sie **wollen**! Oh, jetzt spreche ich ein ganz heikles Thema an! In einer Zeit, in der wir Menschen immerhin genau wissen, was wir nicht wollen, aber keine Ahnung haben, was wir wollen oder manchmal nur, was wir zu wollen haben? Oft trauen wir uns gar nicht mehr zu denken, was wir eigentlich wollen und verstecken uns dann eben dahinter, dass wir dieses oder jenes nicht wollen. Woraus sich ergeben könnte, was wir wollen - es ergibt sich aber leider nicht.

Woran liegt das, dass wir nicht wissen, was wir wollen? Fragen Sie mal ein Kleinkind, ob es ein Eis haben will, wenn Sie es ihm vor die Nase halten. Was antwortet es wohl? Genau, ja, das Kind will das Eis haben! Fragen Sie mal eine pubertierende 13-Jährige, die von ihrer Umwelt als zu dick angesehen wird, weil sie nicht aussieht, wie die Magerfrettchen in dieser Model-Such-Sendung im Fernsehen. Die weiß nur eines: Sie will nicht noch dicker werden. Ob sie ein Eis will? Nein, ja, vielleicht, wenn…

Wir haben uns abgewöhnt, eigene Ziele und Wünsche zu haben. So ein bisschen diffus sind noch welche da. So wie der, erfolgreich zu sein. Oder der, irgendwann mal eine Familie zu gründen. Wir blicken auf unsere Nachbarn. Okay, der fährt einen VW Golf. So ein Auto will ich auch haben. Oder lieber doch so einen BMW, wie ihn der Kollege fährt. Was ist mit einem Mercedes, da stand doch neulich so ein schicker in der Einfahrt gegenüber. Aber eigentlich brauchen wir ja gar kein so großes Auto. Der könnte auch zu viel Kraftstoff verbrauchen.

Also, welche Ziele haben Sie? Wissen Sie genau, was Sie wollen? Das wäre der erste Schritt in die richtige Richtung. Mit den Zielen, also dem Wissen, was Sie wollen, können Sie sich aus der Spirale, in der Sie sich jetzt noch befinden, befreien. Sie können Ihrem Leben endlich die Richtung geben, die Sie sich wünschen und die Wirklichkeit schaffen, die Ihnen gefällt. Aber nur, wenn Sie echte Ziele haben! Also konkrete und anfassbare Ziele!

Probieren Sie das doch mal aus: Sie fragen einen
Freund, mit dem Sie verabredet sind, was Sie
gemeinsam machen wollen. Was wird Ihr Freund
wohl antworten? In der Regel wird folgendes
herauskommen: Kein Besuch im Museum, nicht
schon wieder Fahrradfahren... Er weiß genau,
was er nicht will. Und das oft mit Vehemenz. Da
wird schon mal überdeutlich ausgeführt, wie
schrecklich das Museum ist oder dass er nach
der letzten Fahrradtour einen Sonnenbrand hatte.
Ganz ausführlich beschäftigt sich Ihr Freund also
damit, was er nicht mag oder wovor er Angst hat.
Was passiert wohl mit dessen Wirkung, wenn er
so weiter denkt? Sie wissen doch noch das
Prinzip: Denken - Ursache - Wirkung?

Gerade erzeugt Ihr Freund eine Ursache, die er
gar nicht haben will! Was wird er also demnächst
bekommen? Einen Sonnenbrand.

Vor einiger Zeit stand einmal in einer Zeitung das
Ergebnis einer Umfrage, bei welcher die
Menschen nach ihren Zielen gefragt wurden. Es
ging darum, ob und welche Ziele die Menschen
sich für ihr Leben gesetzt hatten und wie sie ihre

Ziele umsetzen konnten. Sie werden es kaum glauben: 95 Prozent der Menschen hatten gar keine Ziele nennen können und entsprechend auch keine erreicht. Fünf Prozent gaben ihre Ziele an - und haben sie in der Regel längst erreicht gehabt! Erinnern Sie sich noch an diese Zahlen? 5 Prozent halten durch, die anderen 95 Prozent geben auf? Ist das ein Zufall?

Wenn 95 Prozent der Menschen in Deutschland kein Ziel haben, bedeutet das, dass das Gros der Menschen nicht viel mit sich anzufangen weiß. Auf der anderen Seite: Woher auch? Bei der ständigen Berieselung von Fernsehen, Computerspielen und tollen Events, die einen vom eigentlichen Leben abhalten? Es ist heute also völlig normal, sich fremdbestimmen zu lassen und wie ein Schaf unter tausenden mit den anderen mitzutrotten.

Anders herum sind Sie unnormal, wenn Sie ein Ziel vor Augen haben, wenn Sie sich nicht von den Medien berieseln lassen! Sie sind quasi ein Allien in dieser Gesellschaft. Auffällig, weil Sie Dinge tun und nicht passiv vor sich hin trudeln.

Sie bestimmen die Richtung und Ihre Wirklichkeit. Herzlichen Glückwunsch!

Also noch einmal Hand aufs Herz. Wird es nicht spätestens mit dieser Erkenntnis Zeit, dass Sie Ihr Leben in die Hand nehmen? Dass Sie sich endlich Ziele setzen? Und sagen Sie jetzt nicht, dass Sie den nächsten Urlaub schon gebucht haben und Sie dieses Jahr ins Disney-Resort nach Paris oder doch wieder nach Mallorca fliegen werden, dass Sie kommende Woche Ihren neuen Golf in der Autostadt abholen und Sie dieses auch noch frei entschieden haben.

Denken Sie noch einmal nach. Warum haben Sie den Golf geleast? Weil das ein vernünftiges Auto ist? Warum Disney oder Mallorca? Wollten Sie das wirklich immer schon so? Ist Ihr heimlicher Traum nicht ein Mustang? Und wollten Sie nicht schon immer mal ans Nordcap, um die Mitternachtssonne zu erleben? Träumten Sie nicht in Ihrer Jugend davon, mit Ihrer Gitarre zu Weltruhm zu gelangen?

Fühlen Sie sich frei? Oder sind Sie jemand, der in die „Maloche" geht? Wer schon dieses Wort benutzt, weiß eigentlich, dass er nicht frei ist, sich nicht frei entscheidet. Auch vielen Selbständigen geht es so, dass sie keine Visionen haben oder diese ihnen abhanden gekommen sind. Man hat sich mal entschiednen, damals. Und voller Power das Unternehmen gestartet. Man konnte sogar expandieren. Doch jetzt dümpelt alles vor sich hin. Langeweile macht sich breit und Unzufriedenheit. Ist das die Freiheit des Selbständigen? Die Freiheit, sich zu langweilen im Leben? Die Freiheit, sich selbst zu ruinieren?

Nein, das meine ich nicht mit Freiheit. Vielmehr meine ich die Selbstbestimmtheit. Dass Sie bestimmen, was Sie tun. Das kann auch ein normaler Job sein, sofern Sie ihn gerne machen und Sie sich mit der Arbeit identifizieren, Sie Ihr Herzblut mit hineinbringen. Wann bestimmen Sie, wie Ihr Leben aussehen soll?

Noch einmal das Beispiel mit dem Auto: Überlegen Sie noch einmal. Gehen Sie in sich, was für ein Auto wollen Sie gerne fahren? Statt des Golfs wollen Sie in Zukunft lieber einen BMW fahren? Aber was für einen? Sie müssen schon konkreter werden: BMW hat viele verschiedene Modelle - und die auch noch in unterschiedlicher Motorisierung, Ausstattung und mit verschiedenen Farben. Also werden Sie konkreter. Der neue 5-er soll es sein, in schwarz, mit Schiebedach und Klimaanlage, verdunkelten Scheiben und einer tollen Soundanlage? Sie sehen das Auto schon förmlich vor sich? Sofort könnten Sie zum Autohändler gehen und es bestellen.

Wissen Sie, was jetzt passiert? Sie werden etwas sehr Interessantes erleben! Auf einmal, wie von Zauberhand gesteuert, sehen Sie plötzlich unglaublich viele schwarze BMWs auf der Straße! Wie zufällig fällt Ihnen aus der Tageszeitung die Werbung für das Auto entgegen und dann lernen Sie am Wochenende jemanden kennen, der was für ein Auto fährt? Natürlich, einen schwarzen BMW. Und zufälligerweise finden Sie sofort eine Möglichkeit, das Auto zu finanzieren. Alles fügt sich reibungslos ineinander.

Bestimmt hatten Sie in Ihrem Leben schon mal Erlebnisse, in denen quasi alles wie von allein so ablief, wie Sie es sich vorgestellt haben. Da hatten Sie aller Voraussicht nach auch ein klares Ziel vor Augen, oder?

Übrigens noch eine kleine Geschichte zu mir. Ich habe einige Jahre in einem Stadtteil gewohnt, in einer netten Wohnung. Ich habe aber dennoch immer eine Wohnung mit Terrasse und kleinem Garten haben wollen. Dann lernte ich jemanden kennen, vergaß meinen Wunsch nach der Wohnung und zog nach einer Weile mit diesem Mann zusammen. Ein knappes Jahr später befand ich mich auf Wohnungssuche. Die erste wurde es nicht, obwohl ich sie genommen hätte. Die nächste Wohnung, die Anzeige war nur eine halbe Stunde lang online gestellt, war eine mit Terrasse und Garten, wundervoll gelegen. Natürlich war ich nicht die einzige, die sich für die Wohnung interessierte. Während der Besichtigung waren rund 30 Menschen da. Und doch wusste ich, dass ich diese Wohnung haben und bekommen würde. Ich sah mich in der Wohnung, wie ich in der Küche kochte und backte, wie ich morgens ins Bad schlurfte. Und ja, ich wohne heute noch in dieser tollen Wohnung. Mein Wunsch vorher in der alten Wohnung nach einer Wohnung mit Garten war so stark gewesen, dass er es bis in mein Unterbewusstsein geschafft hatte.

Was soll das Ihnen sagen? Ganz einfach: es ist wichtig, sich Ziele zu schaffen, Herzenswünsche umsetzen zu wollen. Der erste Schritt in die richtige Richtung heißt, dass Sie wissen, wohin Sie gehen wollen. Ohne Ziel schaffen Sie nicht die Ursache für die Wirkung!

Statt dessen machen Sie weiter wie bisher und lassen andere - wie die Regenbogenpresse - Ihre Ursachen beeinflussen und ernten später eine Wirkung, die Sie nicht haben wollten.

Denken Sie daran: Es gibt keine Zufälle. Jede Wirkung hat eine Ursache und jede Ursache eine Wirkung. Wo keine Wirkung, da keine Ursache, wo keine Ursache, da keine Wirkung. Ganz egal, was andere Menschen darüber denken oder was Sie einst darüber gedacht haben. Deswegen stehen Sie ja heute dort, wo Sie so wahrscheinlich nie hingewollt haben. Das ist kein Beinbruch, denn Sie können wirklich jeden Tag entscheiden, ab sofort nach dem Naturgesetz zu leben und es für Sie bewusst anzuwenden. Dann sind Sie morgen bereits einen Schritt näher an dem Ziel, welches Sie vor Augen haben, dann setzen Sie jetzt die Ursache für die Wirkung in der Zukunft.

Selbst dann, wenn Sie von diesem Weg wieder abkommen, können Sie das Gesetz jederzeit wieder anwenden und auf diese Weise Ihrem Leben die entscheidende Wendung geben.

Natürlich ist es anfangs sehr schwierig. Vor allem dann, wenn Sie nie gelernt haben, Ziele zu formulieren.

Es gibt da übrigens ein ganz fantastisches Sprichwort, von dessen Wahrheitsgehalt meine Kinder mittlerweile mehr als überzeugt sind: „Ich kann nicht heißt ich will nicht!" Denken Sie kurz einmal darüber nach. Im Grunde bedeutet das doch wirklich, dass Sie sich das Ziel nicht vorstellen wollen. Vielleicht weil es nicht Ihres ist oder weil es Ihnen zu anstrengend erscheint. Sie sagen dann nicht, dass Sie das Ziel nicht erreichen wollen. Statt dessen finden Sie Gründe, warum Sie es gerade nicht können. Sie können nicht zum Sport gehen, weil doch später noch Ihre Lieblingsserie im Fernsehen läuft. Sie können keine bessere Arbeit abliefern, weil die Sonne Sie am Nachmittag so blendet und Sie sich nicht mehr konzentrieren können. Sie können nicht mit Ihrem Partner reden, weil der gerade so schlecht drauf ist… Kommt Ihnen davon irgendetwas bekannt vor?

Noch einmal: Sie müssen sich Ihre Ziele setzen, Sie müssen etwas erreichen wollen. Danach setzen Sie die Ursache und am Ende ernten Sie die Wirkung!

Wie finden Sie Ziele?

Für jemanden, der ohne Ziele aufgewachsen ist, sich eher hat treiben lassen und es anderen nachgemacht hat, ist es in der Tat schwer, eigene Ziele zu setzen. Warum? Weil Sie Ihre eigenen Bedürfnisse nicht kennen!

Wenn ich Sie heute frage, welche Ziele Sie im Leben haben, was Sie besonders mögen, dann antworten Sie mir möglicherweise, dass Sie es nicht wissen. Meine Rückfrage wäre dann: „WEN soll ich fragen, WER kann mir eine Antwort geben?" Niemand kennt Sie so gut, wie Sie sich selbst! Niemand weiß so viel über Sie, wie Sie selbst. Nein, auch nicht Ihre Mutter. Das war einmal so, ist aber längst vorbei.

Es wäre doch zu schön, wenn ich Ihnen jetzt einfach eine Methode oder am besten eine App nennen würde, mit der Sie herausfinden können, was Ihr Ziel sein könnte, nicht wahr? Und tatsächlich gibt es hier und da Versprechen, dass Sie mit diesem oder jenem Programm Ihre Vorbestimmung herausfinden können. Halt, stopp!

Vorbestimmung? Haben wir ein programmiertes Muster, welches wir nur herausfinden müssen? Nein, wir selbst bestimmen, was uns gefällt. Wir selbst bestimmen unseren Lebensweg - entweder mit Absicht, indem wir die Ursachen setzen oder eben beeinflusst von allem um uns herum.

Von solchen Sachen lassen Sie doch lieber die Finger. Es geht nicht darum, dass Sie Ihre Schienen finden sondern darum, frei zu entscheiden, wohin Sie gehen und was Sie erreichen wollen.

Gleichwohl gibt es auch Bücher und Kurse zum Thema Zielfindung, die zum Teil recht brauchbar sind. Oder Sie versuchen es mit folgenden 7 Schritten:

1. Zettel und Stift zur Hand nehmen und alle Ziele auf den Zettel schreiben, die Ihnen in den Sinn kommen. Okay, wahrscheinlich und hoffentlich reicht dieser eine Zettel gar nicht. Nehmen Sie lieber gleich einen Block oder ein Büchlein, welches Sie bei sich tragen können. Klar funktioniert auch die Notizblock-App auf dem

Smartphone. Doch erfahrungsgemäß befassen Sie sich intensiver damit, wenn Sie es auf die klassische Art und Weise tun. Wenn Ihnen nichts mehr einfällt, schreiben Sie einfach später weiter. Wichtig: Schreiben Sie einfach alles auf, was Ihnen in den Sinn kommt. Es geht an dieser Stelle um keine Bewertung, einfach aufschreiben und das nächste ebenfalls.

2. Nach einigen Tagen haben Sie wahrscheinlich schon eine ziemlich lange Liste. Gehen Sie die Liste einmal durch. Fragen Sie sich bei jedem Punkt, ob das wirklich Ihr Ziel ist oder Sie es nur aufgeschrieben haben, weil „man" ein solches Ziel hat oder jemand anderes das von Ihnen erwartet. Nehmen Sie einen Stift und streichen solche Ziele durch! Danach kommen die Ziele an die Reihe, die Ihnen eigentlich gar nicht so wichtig sind. Ebenfalls wegstreichen. Die verbliebenen Ziele schreiben Sie nun auf ein neues Blatt Papier.

3. Prüfen Sie die Liste auf Widersprüche. Wollen Sie einerseits in der Stadt eine Eigentumswohnung haben, andererseits in einem Reihenhaus am Stadtrand leben? Wenn Sie also

nicht zwei Wohnungen haben wollen, streichen
Sie das weg, was Ihnen weniger wichtig ist.
Auch dieses Mal schreiben Sie die verbliebenen
Ziele auf eine neue Liste.

4. Jetzt wird es interessant: Sie bewerten jetzt
Ihre Ziele. Die Kategorie lautet: Sind die Ziele zum
Wohle aller oder schade ich jemandem damit?
Ziele, bei denen Sie Gesetze brechen müssten,
Menschen manipulieren oder ihnen anderweitig
schaden würden, streichen Sie weg!
Fertigen Sie aus den verbliebenen Zielen wieder
eine neue Liste an.

5. Okay, und nun fragen Sie, ob Ihre Ziele
realistisch sind. Doch Vorsicht: streichen Sie die
Ziele nicht vorschnell von der Liste. Wenn Sie
aufgeschrieben haben, dass Sie Millionär werden
wollen, mögen Sie das aus Ihrer heutigen Sicht für
unrealistisch halten. Doch behaupte ich, dass
dieses Ziel nicht in die Kategorie unrealistisch
fallen muss. Wenn Sie hingegen als verheiratete
Frau den Wunsch haben, eine Misswahl zu
gewinnen, ist das unrealistisch, Sie sind einfach
keine Miss mehr allein durch die Heirat. Das Ziel

müssen Sie dennoch nicht streichen sondern lediglich umformulieren.

Wenn Sie das Gefühl haben, etwas ist total unrealistisch, dann kann auch die Angst vor der Anstrengung dahin eine Rolle spielen.

Walt Disney hat folgenden Spruch geprägt: „Wenn Sie sich etwas vorstellen können, dann können Sie es auch erreichen." Denken Sie also wirklich noch einmal nach, warum Sie ein Ziel als unrealistisch einschätzen!

Okay, immer noch etwas auf der Liste, was völlig unrealistisch ist? Dann weg damit und neue Liste fertigen.

6. Jetzt geht es langsam ans Eingemachte: Sie bewerten Ihre Ziele. Sind Ihre Ziele hoch genug angesiedelt? Wollen Sie sich mit weniger zufrieden geben als Sie erreichen könnten? Also eine Gehaltserhöhung von 300 Euro statt von 500 Euro oder mehr? Wollen Sie wirklich nach Salamitaktik immer wieder neu an ein solches Ziel gehen? Wenn Sie mehr Geld verdienen wollen und zwar viel mehr, dann schreiben Sie auch die

Zahl auf, die Sie haben wollen. Wie wollen Sie denn wachsen, wenn Sie sich keine hohen Ziele setzen? Strecken Sie sich nach der Decke! Auch im Altberliner Altbau von gut 4 Metern Höhe!

Ja, Sie können solche Ziele erreichen, die Sie sehr hoch hängen! Wenn Sie anfangen, Ihre geistigen Möglichkeiten zu nutzen, dann erreichen Sie mit Leichtigkeit Ziele, die andere nicht einmal denken würden.

7. Um Ihre Ziele zu programmieren, müssen Sie sich Ihr Ziel als Bild vorstellen. Visualisieren Sie es also. Noch viel besser sind bewegte Bilder, weil Sie diese wie Erlebtes sehen. Und für jedes Ziel benötigen Sie ein eigenes Bild bzw. einen eigenen kleinen Film in Ihrem Inneren. Mit diesen Bildern, also Motiven, schaffen Sie sich Motivation. Mit anderen Worten: Ohne Ziel und ohne Motiv haben Sie keine Motivation. Jetzt heißt es nur noch, das jeweilige Ziel zu programmieren und an Ihr Unterbewusstsein zu übergeben.

Das Programmieren Ihrer Ziele

Merken Sie es schon? Es wird spannend. Sie haben sich in den vergangenen Tagen Ziele gesetzt. Und nun geht es darum, genau diese Ziele auch zu erreichen. Sie programmieren Sie mit diesem nächsten Schritt. Es ist ein Mental-Training, dass Sie sich so ähnlich vorstellen sollten, wie das Säen von Samen.

Ich hatte Ihnen an früherer Stelle bereits erläutert, dass Ihr Glaube beziehungsweise Ihre Erwartung bestimmt, ob sich etwas manifestiert, also Materie wird oder ob es Energie bleibt. Sie erinnern sich? Das war die Stelle an der die Physiker festgestellt im Versuch festgestellt haben, dass sich die Teilchen entweder als Energie oder als Materie zeigen, je nachdem, mit welcher Erwartung sie an den Versuch herangegangen sind.

Die Erkenntnis aus diesem Versuch nutzen Sie jetzt: Sie säen energetisch den Samen für Ihr Ziel in Ihr Unterbewusstsein - Sie erinnern sich, dass ist das, welches uns zu 90 Prozent steuert. Mit Hilfe von Energien und Intelligenzen, die Sie dort nicht mehr beeinflussen können, manifestiert Ihr Unterbewusstsein nun Ihr Ziel in der Welt der physisch-materiellen Fakten.

Sie dürfen Sich das gerne als eine Art Computer vorstellen, der einen 3D-Druck in Gang setzt. Sie geben die Daten in das Programm ein, haben aber keinen Einfluss auf das Programm, welches die Daten verarbeitet, da das Programm geschützt ist. Heraus kommt das Bild, welches Sie als Daten in den Computer eingegeben haben.

Also noch einmal von vorne: Sie müssen für den Schritt der Datenübermittlung eine mentale Übung machen und damit die Daten übertragen. Dafür müssen Sie sich in den so genannten Alpha-Zustand versetzen, das ist ein tiefenentspannter Bewusstseinszustand wie Sie ihn als kurz vor dem Einschlafen kennen. Ihr Gehirn funktioniert in dieser Phase langsamer als im normalen Bewusstseinszustand.

Viele Menschen nutzen diesen Zustand beispielsweise beim Autogenen Training. Ähnliches erreichen Sie auch während einer entsprechenden Meditation. Es gibt für diese Übung auch geführte Meditationen, die mit Musik mit Alpha-Wellen unterlegt ist. Sie können aber auch den unten folgenden Text benutzen, den Sie sich am besten auf Band sprechen und während der Übung dann abspielen lassen.

Sehr oft passiert es Menschen, dass Sie während einer solchen Meditation einschlafen. Das ist meist nicht schlimm, weil eine geführte Meditation in der Regel dennoch funktioniert. Falls Sie kein Risiko eingehen und unbedingt wach bleiben wollen, setzten Sie sich lieber auf einen bequemen Stuhl, statt dass Sie sich hinlegen.

Die Übung:

Nehmen Sie eine bequeme Haltung ein. Fühlen Sie sich wohl? Rücken Sie sich gerne noch ein Kissen zurecht. Schließen Sie nun die Augen und atmen durch die Nase tief ein und durch den Mund wieder aus. Wiederholen Sie das ein paar Male. Spüren Sie, wie Sie mit jedem Atemzug tiefer in die Entspannung gehen.

Spüren Sie, wie Ihr Rücken Kontakt zur Rückenlehne oder Ihrem Untergrund hat? Ist die Wirbelsäule gleichmäßig belastet? Sind Ihre Gliedmaßen ebenfalls gleichmäßig belastet? Dann ist es gut so. Sonst rücken Sie sich ein wenig zurecht.

Amten Sie weiter tief ein und aus. Legen Sie ruhig eine oder beide Hände auf Ihre Bauchdecke und spüren Sie, wie sie gleichmäßig auf und ab geht. Mit jedem Ausatmen entspannen sich Ihre Muskeln mehr und mehr. Sie rutschen tiefer und tiefer in die Entspannung. Die Entspannung ist sehr tief und gleichzeitig sind sie hellwach.

Die Muskeln und Nerven Ihres Unterkiefers entspannen sich jetzt, lassen Sie los.

Auch die Muskeln und Nerven rund um Ihren Mund entspannen sich, lassen Sie los.

Die Muskeln und Nerven rund um Ihre Augen entspannen sich, lassen Sie sie los - Ihr innerer Blick wird ruhig und klar.

Nun entspannen sich alle Muskeln und Nerven Ihrer Stirn und Kopfhaut, lassen Sie los. Ihr Kopf kann mit der Entspannung tiefer und tiefer absinken, hinein in Ihren Körper, durch Ihren Körper hindurch bis zu Ihren Füßen.

Während Sie langsam tiefer und tiefer in eine angenehme, körperliche Entspannung gleiten, wird Ihr Geist immer klarer und klarer. Sie können sich sicher sein, dass in Ihnen ein Schutzmechanismus wirkt, der ganz automatisch dafür sorgt, dass Sie in dieser Übung nur so weit getragen werden, wie es Ihnen erlaubt ist und wie es Ihrem Körper, Ihrem Geist und Ihrer Seele gut tut.

Es fällt Ihnen ganz leicht, sich die ganze Übung hindurch zu konzentrieren und bei der Sache zu bleiben.

Während Sie nun in einem angenehmen Entspannungszustand ruhen, drehen Sie Ihre geschlossenen Augen aus der horizontalen Sichtebene in einem leichten Winkel von ungefähr 20 Grad nach oben.

Die Fläche, die Sie dort mit Ihrem Geiste wahrnehmen ist Ihre geistige Leinwand. Wenn Sie etwas Neues erschaffen wollen, wenn Sie Ziele und Wünsche programmieren wollen, tun Sie dieses in der mentalen Dimension auf Ihrer geistigen Leinwand.

Auf diese Weise kann es sich in der physischen und materiellen Dimension manifestieren.

Denn alles, was existiert, existiert zuerst in der Vorstellung, in der mentalen Dimension. Alles muss zuerst erdacht werden, bevor es materielle Realität werden kann.

Ihre inneren Bilder streben danach, äußere Wirklichkeit zu werden.

Formulieren Sie Ihre Gedanken so, als wären Sie bereits Realität. Programmieren Sie auf diese Weise immer den gewünschten Endzustand.

Programmieren Sie ein Ziel jeweils eine Woche lang jeden Tag, dann lassen Sie es los. Sie haben damit auf der geistigen Ebene die Ursache gesetzt, die Materialisieren wird das Endergebnis sein.

Geben Sie sich jetzt etwas Zeit, um Ihr Ziel zu programmieren.
Pause.

Fühlen Sie, wie Sie sich freuen, dass Sie dieses Ziel erreicht haben? Spüren Sie die positiven Gefühle? Genießen Sie die Gefühle für eine kleine Weile.

Pause.

Ganz langsam wird es jetzt Zeit, wieder zurück in die Gegenwart zu gehen. Machen Sie ganz langsam. Beginnen Sie wieder Ihren Körper zu spüren, den Kontakt zur Sitz- oder Liegefläche wahrzunehmen. Bewegen Sie ganz sachte Ihre Arme. Bewegen Sie nun sachte Ihre Beine und Füße. Und nun vorsichtig auch Ihren Kopf. Öffnen Sie nun die Augen.

Wichtig zu wissen:

Worte sind sehr mächtig. Sie manifestieren. Egal ob wir sie denken, aussprechen oder aufschreiben. Wobei es nicht die Worte selbst sondern die in Ihnen enthaltene Information ist. Die Information bringt die Materie *in Formation*.

Werfen wir einen kleinen Blick in die oben beschriebene Übung.

Darin heißt es: *„Während Sie nun in einem angenehmen Entspannungszustand ruhen, drehen Sie Ihre geschlossenen Augen aus der horizontalen Sichtebene in einem leichten Winkel von ungefähr 20 Grad nach oben."*

Warum sollen Sie das tun? Weil sie alleine dadurch, dass Sie Ihre Augen diesen kleinen Winkel nach oben drehen, Alpha-Wellen entstehen lassen. Sie unterstützen daher den erforderlichen Alpha-Zustand, ohne den Sie keine Ziele programmieren könnten.

Zudem fällt Ihnen das Visualisieren leichter, wenn Sie Ihren Blick nach oben richten. Das kennen Sie vielleicht aus Unterhaltungen, dass Sie manchmal nach oben schauen, um Bilder aus Ihrer Erinnerung wahrzunehmen.

Im Gegensatz dazu kommen Sie eher in die Gefühls-Ebene, wenn Sie Ihren Blick nach unten richten. So, als blickten Sie auf etwas, wie auf das Erreichen Ihres Ziels.

„Wenn Sie etwas Neues erschaffen wollen, wenn Sie Ziele und Wünsche programmieren wollen, tun Sie dieses in der mentalen Dimension auf Ihrer geistigen Leinwand."

Stellen Sie sich die Situation so vor als säßen Sie in einem bequemen Kinosessel. Vor Ihnen ist die Leinwand. Sie ist ein Stück von Ihnen entfernt und nicht direkt in Ihrem Kopf.
Wenn Sie auf diese Weise Ihre Ziel programmieren, dann sehen Sie die Bilder mehr aus der Beobachter-Position. Bleiben die Bilder in Ihrem Kopf, gehen Sie mit Ihren fünf Sinnen in das

Ziel hinein. Mit einer solchen Programmierung haben manche Menschen ihre Probleme. Sie erleben die Vorstellung als bereits am Ziel stehend und dann fehlt da ein Teil, um das Ziel wirklich zu erreichen. Experimentieren Sie, was bei Ihnen besser funktioniert.

„Alles muss zuerst erdacht werden, bevor es materielle Realität werden kann.
Ihre inneren Bilder streben danach, äußere Wirklichkeit zu werden."

Am Anfang steht der Gedanke, die Information. Wenn Sie ihn denken und zwar so, dass Sie das Ziel erreicht haben, dann haben Sie, energetisch gesehen, bereits die Hauptaufgabe geleistet.

In Ihrer geistigen Realität haben Sie das Ziel bereits erreicht. Jetzt müssen Sie das, was noch nicht in manifestierter Form vorliegt in der geistigen Welt noch zur Wirkung, also zur Realität werden lassen - als materielle Fakten.

Das ist übrigens das, was als Schöpfungsprozess verstanden wird. Schöpfen können wir nur das, was existiert. Wir können kein Wasser aus einem trockenen Brunnen schöpfen. Das bedeutet, dass wir aus der Energieform in die Materieform schöpfen. Wandeln also die Energieform in die Materieform um.

Es gibt übrigens Menschen, die bei einer Meditation überhaupt keine Bilder in sich sehen können. Das bedeutet nicht, dass die Übung für diese nicht funktioniert. Manch ein Mensch ist eben nicht visuell veranlagt und es stellen sich einfach keine Bilder ein.

Sind Sie ein solcher Typ? Dann beschreiben Sie sich Ihre Ziele einfach mit Ihrer Phantasie. Ähnlich, wenn Sie einen Raum in Ihrer Wohnung beschrieben. Das können Sie ganz bestimmt, wenn Sie schon länger dort wohnen.

Es geht in diesem Mental-Training also nicht um die Bilder sondern um die darin enthaltenen Informationen. Wenn Sie also keine Bilder sehen, machen Sie eine Phantasiereise mit Handlungen.

Wie ich das meine? Stellen Sie sich eine Zitrone vor. Sehen Sie sie vor Augen? Nein. Nun, dann stellen Sie sich jetzt vor, sie Sie diese saftige, gelbe Zitrone mit einem Messer zerteilen. Nehmen Sie eine Hälfte in die Hand. Stellen Sie sich die Zitronenhälfte mit ihrem saftigen Fruchtfleisch vor. Stellen Sie sich vor, Sie sie langsam mit ihrer Hans pressen, bis sie anfängt zu tropfen. Merken Sie etwas an Ihrem Speichel?

Das war nur eine Geschichte, nur die Information über eine reife Zitrone, nicht die Realität - und dennoch hat diese Information Ihren Körper *in Formation* gebracht, in die, dass er Speichel produzierte.

Es geht also wirklich immer nur um die Information! Ob Sie sie sehen oder fühlen, riechen oder schmecken, alles hat die gleiche Wirkung. Denn der Geist steht immer über der Materie. Der Geist steuert die Materie.

Programmieren Sie daher Ihre Ziele immer so, als wären sie bereits Realität und bitte programmieren Sie den gewünschten Endzustand sonst werden Sie ihn nicht erreichen. Hier können Sie nun doch Gelerntes aus dem Thema „Positives Denken" anwenden. Ihr Unterbewusstsein tut immer das, was Sie ihm programmieren bzw. wie Sie die Programmierungen formulieren. Seien Sie sehr präzise mit Ihren Formulierungen. Und drücken Sie sie positiv aus.

Sonst passiert Ihnen vielleicht folgendes: Sie programmieren, dass Sie in drei Monaten 10.000 Euro erhalten werden - und warten bis zum Sankt Nimmerleinstag. Warum? Weil die drei Monaten immer neu zu laufen beginnen. Sie leben im Hier und Jetzt, nicht in drei Monaten. Oder Sie programmieren sich so, dass Sie Ihren neuen Lebenspartner suchen. Dann suchen Sie solange, bis Sie sich umprogrammieren in die Richtung finden!
Uih, ganz schön viel, was Sie lernen und beachten müssen, nicht wahr? Zu Anfang bedarf es wirklich großer Konzentration, dass Sie nicht in Ihr altes Muster verfallen und versehentlich Ihre Wünsche so formulieren, dass Sie niemals in Erfüllung gehen.

Warum sollen Sie ein Ziel jeweils eine Woche lang jeden Tag programmieren? Was bedeutet das?

Zunächst einmal hat eine Woche sieben Tage. Die Sieben zählt als magische Zahl. Der Hauptgrund ist jedoch, dass es sich auf diese Weise bewährt hat. Sie können ja gerne einmal ausprobieren, was passiert, wenn Sie an einem Tag das Programmieren vergessen und sich dann ganz genau beobachten.

Bei einigen Menschen wirkt die Programmierung nun nicht mehr. Sie müssen von vorne anfangen. Wenn Sie engere Grenzen haben, sollten Sie sich genau an die sieben Tage halten, sonst müssen Sie wieder von vorne beginnen. Sind Sie eher der lockere Typ, dann können Sie die Programmierung auch einmal auslassen, ohne dass das Auswirkungen hätte.

Warum sollten Sie zum Wohle aller programmieren?

Es ist gut, wenn Sie Ihre Zielprogrammierungen immer mit dem Zusatz „So, oder besser und zum Wohle aller" formulieren. Warum?

Weil Sie Ihre Ziele mit Ihrer Ratio bzw. Ihrem Ego programmieren. Die Ration kann nicht wissen, ob die Ziele überhaupt gut für Sie sind, ob diese Ziele Ihre spirituelle Entwicklung eher fördern oder eher behindern.

Die Ration kann ebensowenig wissen, welche Veränderungen in der nächsten Zeit anstehen. Ob diese Ziele, die Sie programmiert haben, dann noch gut für Sie sind oder andere dann besser wären.

Doch Ihr Unterbewusstsein kennt sich damit bestens aus. Es hat diese Informationen gespeichert. Deswegen sollten Sie die Entscheidung, ob ein Ziel für Sie gut oder schlecht ist, lieber Ihrem Unterbewusstsein, Ihrem großen Ich, überlassen.

Selbstverständlich sein sollte, dass Sie mit dem Erreichen Ihrer Ziele keinem anderen Menschen schaden. Eine entsprechende Fehlprogrammierung könnte wie ein Boomerang in einer üblen Form wieder zurückwirken.

Die Ergänzung in Ihrer Programmierung „So, oder besser und zum Wohle aller" ist quasi eine Art Versicherung für Sie.

Zu einem konkreten Ziel gehört meist auch ein konkreter Zeitpunkt. Die Gehaltserhöhung, die Sie programmieren, versehen Sie sicherlich mit einem Zeitpunkt, denn sonst warten Sie möglicherweise vergebens. Mit diesem Zusatz versichern Sie sich ja auch, dass es auf diese Weise oder besser und zum Wohle aller geschehen soll. Haben Sie also einen eher ungünstigen Zeitpunkt manifestiert, überlassen Sie es dem Universum, einen geeigneteren Zeitpunkt zu wählen.

Ab jetzt wird es leichter

Bestimmt kennen Sie so tolle Glaubenssätze wie: „Wer hart arbeitet, wird belohnt." Oder Sie „schuften täglich wie ein Pferd". Vielleicht sind Sie auch ein „fleißiges Bienchen"? Das hört sich alles nicht nach Leichtigkeit an - und genau deswegen sollten Sie solche Sätze in Zukunft einfach loslassen.

Auch wenn viele Menschen es nicht glauben, das Erreichen auch höchster Ziele können Sie mit spielerischer Leichtigkeit schaffen. Und ja, das steht völlig im Widerspruch zu dem, was andere Menschen erleben. Wer sich dauernd mit solchen Aussagen beschäftigt, wie „das Leben ist hart", dessen Leben ist ja auch hart. Schließlich hat er es sich so programmiert.

Noch einmal: Sie können mit spielerischer Leichtigkeit Ihre Ziele erreichen. Das größte Stück Arbeit haben Sie bereits hinter sich!

Kommt jetzt von Ihnen der Einwand, dass Sie nun doch alles tun müssen, also sich hart ranhalten, um Ihr Ziel zu erreichen? Und ich sage Ihnen auch hier, dass Sie das nicht müssen.

Erinnern Sie sich noch, wie Sie Ihre Ziele positiv formuliert haben? Den Weg dahin haben Sie offen gelassen, nicht wahr? Machen Sie sich gar keine Gedanken darum, auf welchem Weg Sie Ihre Ziele erreichen. Seien Sie nur offen für das, was ab jetzt auf Sie zukommt. Der Weg wird sich somit von ganz alleine ergeben.

Ihre Arbeit war es, das Ziel zu programmieren. Nun ist es Ihre Aufgabe, die günstigen Gelegenheiten zu ergreifen. Plötzlich passieren „Zufälle" in Ihrem Leben. Sie erinnern sich? Es gibt gar keine Zufälle. Sie haben die Ursache für diesen Zufall mit Ihrer Programmierung gesetzt. Und der Weg wird nun vor Ihnen ausgebreitet!

Vielleicht ist das die wichtigste Erkenntnis, die Sie aus diesem Buch mitnehmen können? Sie brauchen keine strategischen Pläne machen, sich nicht für einen Weg entscheiden. Sie müssen nicht mehr abwägen, ob sie lieber rechts herum oder links herum gehen. Das Universum wird

Ihnen den richtigen Weg zeigen. Achten Sie auf die entsprechenden Hinweise und es kann noch viel schneller gehen, als Sie es sich gerade vorstellen können. Auf einmal öffnen sich Türen, die Sie vorher nicht einmal wahrgenommen haben. Sie brauchen nichts zu regeln!

Welche Ziele sind erstrebenswert?

Gibt es gute oder schlechte Ziele? Die Frage mag ich nicht beantworten, denn gut oder schlecht sind Bewertungen. Entscheiden Sie das für sich, was Sie wirklich zu brauchen glauben. Manch ein Mensch benötigt mehr zu seiner Entfaltung als ein anderer. Der eine liebt Sportwagen und fühlt sich damit sichtbar wohl, ein anderer empfindet wenig bei solchen Fahrzeugen.

Am Ende gibt es wahrscheinlich nur das eine große und erstrebenswerte Ziel, von dem alle Menschen es zu erreichen suchen.

Und doch müssen viele Menschen, bevor Sie sich an dieses Ziel begeben, erst einmal andere - vor allem materielle Ziele erreichen. Natürlich geht es im Leben auch um Wachstum. Das ist das, was uns die Natur vorlebt - sofern wir ihr nicht zuvor kommen. Bäume wachsen, Kräuter breiten sich aus - und auch der Mensch will wachsen. Wer in sich noch Mangel empfindet, will diesen heilen.

Wer sich nach Liebe und einer Familie sehnt, wird sich eine harmonische Partnerschaft programmieren.

Meist können wir dieses eine erstrebenswerte Ziel eben erst erkennen, wenn wir alle anderen Dinge vorher erreicht haben: das sorglose und finanziell unabhängige Leben, die tolle Partnerschaft, das schöne Haus, das tolle Auto… Abgesehen davon ist nichts Verkehrtes am Wohlstand. Nur wer wohlhabend und reich ist, kann auch für andere Menschen viel Gutes tun.

Erst wenn die meisten von uns alle Ziele erreicht haben, erkennen Sie dieses eine so wichtige Ziel: einen Seinszustand zu erreichen, in welchem wir einfach sind, der sich paradiesisch anfühlt, in welchem es keine Vergangenheit und keine Zukunft mehr gibt sondern nur noch das Hier und Jetzt, nur noch diese Einheit. In diesem Zustand zählen alle materiellen Dinge nicht mehr. Und wir haben alle solche Zustände schon einmal für kurz kennengelernt. Jeder von uns hatte schon die Augenblicke, in denen die Zeit still stand, in denen wir uns eins mit unserer Umgebung gefühlt haben, in dem einfach alles aus der materiellen Welt keine Rolle mehr gespielt hat.

Auf dem Weg dahin dürfen wir aber gerne noch spielen. Mit schönen Häusern, schönen Büchern, Uhren oder Autos. Mit guten Taten. Das ist völlig in Ordnung.

Visionen manifestieren für das Unternehmen

Was für Sie persönlich funktioniert, das funktioniert auch für Ihr Unternehmen, sofern Sie eines haben oder gründen wollen. Genauso wie bei Ihnen persönlich sollten Sie auf die Formulierung der Ziele achten.

Mit einem Ziel „mehr Umsatz" könnten Sie auch ungewollte Wirkungen erreichen: Zwar machen Sie erheblich mehr Umsatz, doch mit erheblich mehr Arbeit oder mit sehr viel weniger Gewinn. Beides Dinge, die Sie sicherlich nicht haben wollten. Programmieren Sie in bei einem solchen Fall also eher den Gewinn.

Es gibt aber noch bessere Wege, den materiellen Erfolg durch die Hintertür zu programmieren. Vergessen Sie einmal alle Wirtschaftslehren und -empfehlungen. Ja, es funktionieren viele von ihnen. Aber auch nicht immer und nicht immer so, wie Sie es wollten.

Setzen Sie eher darauf, Ihr intuitives Wissen auf eine machbare Ebene zu bringen und umzusetzen. Machen Sie nicht den Fehler auf Gewinnsteigerungen oder Shareholdervalue zu setzen, auch wenn Manager heute genau an solchen Kriterien gemessen werden. Die Folgen von solchen Aktivitäten kennen wir zu gut: Massenentlassungen, Fusionen und jede Menge Druck auf allen Mitarbeitern, obwohl doch das Unternehmen so gut da steht. Der Gewinn entspricht auf diese Art und Weise nicht dem Kriterium „zum Wohle aller".

Sie können aber den Gewinn, wie schon bemerkt, durch die Hintertür programmieren. Der erste Teil bedeutet, dass Sie sich so programmieren, dass Sie die <u>Probleme Ihrer Kunden besser als jeder andere lösen</u>. Im zweiten Teil legen Sie den Fokus auf Ihre <u>Mitarbeiter, dass Sie ihnen die beste Entwicklungsmöglichkeit bieten</u>. Auf diese Weise richten Sie Ihr Ziel in zweifacher Weise auf die Menschen (zum Wohle aller) aus. Sie sagen also in der Formulierung, dass Sie ab sofort das Unternehmen sind, welche die Probleme Ihrer

Kunden am besten löst und dass Sie Ihren Mitarbeitern jede Entwicklungsmöglichkeit bieten.

Wenn Sie Unternehmer sind, fassen Sie lieber den Unternehmensnamen und den Unternehmenszweck nicht zu eng. Warum? Sie erinnern sich sicher an die Programmierung Ihres Ziels für Sie persönlich? Nicht anders sollten Sie es bei Unternehmenszielen halten. In der Wirtschaft neigt man dazu, seinem Unternehmen einen Namen zu geben - und die Firmenvision dazu -, der die Produkte oder die Tätigkeit im Namen enthält. Also beispielsweise Fahrzeugbau, Massivhaus, Unterhaltungselektronik oder gar Automobilwerke. Merken Sie es schon? Sie geben mit diesem Namen quasi den Weg des Unternehmens vor. Auf welche Art und Weise Sie das Geld mit Ihrem Unternehmen verdienen wollen.

Besser wäre sicher gerade im Bezug auf die Automobilindustrie gewesen, ein Unternehmen zu haben, welches Menschen hilft von A nach B zu kommen. Immer noch eine Einschränkung ja, aber dann doch eine sehr offene. Mit einem solchen Unternehmen können Sie neben Autos auch Verkehrskonzepte, Zugverbindungen, Roller oder Fahrräder, ja sogar Schuhe oder Rollstühle anbieten. Sie hätten diese unterschiedlichen Möglichkeiten offen gelassen. Aber eine Nähmaschinenfabrik hat den Zweck, Nähmaschinen herzustellen und keine Navigationssysteme. Eine Eisfabrik stellt keine Konserven her, etc.

Natürlich können Sie Ihr Ziel jederzeit ändern. Doch das müssen Sie erst einmal an die Kunden kommunizieren, dass Sie jetzt statt Nähmaschinen besonders tolle Navigationsgeräte bauen. Vor allem müssen Sie selbst diesen Gedanken erst mal gedacht haben - bei all den Einschränkungen der Branche und des Unternehmensnamens.

Ich kenne ein Unternehmen, welches als Slogan sagt: Ihr Weg zu mehr Gesundheit. Was für ein Unternehmen ist das wohl? Ein Krankenhaus? Ein Ärztehaus? Eine Drogerie? Eine Apotheke? Ein Sanitätshaus? Eine Heilpraktiker-Praxis? Ein Beratungsunternehmen? Sehen Sie, das ist, was ich meine: Dieses Unternehmen hält sich die Wege offen. (Wobei ich an dieser Stelle bemerken will, dass das Beispiel schlecht gewählt ist, denn gerade in der Gesundheitsbranche gibt es unglaublich viele Einschränkungen und Vorschriften.)

Also: insbesondere für Unternehmer gilt entgegen der Üblichkeit: Nennen Sie Ihr Unternehmensziel eher so, dass es wie die Lösung eines Problems klingt, welches Menschen haben als sich einen Weg vorzuschreiben. Oder würden Sie Ihre Sportkleidung von der Firma Pfaff (bekannt für Ihre Nähmaschinen, falls Ihnen der Name nicht mehr geläufig ist) bevorzugt kaufen, wenn auf dem Verkaufs-Schild Nähmaschinenwerke steht? Wären Sie davon überzeugt, dass dieses Unternehmen die beste Sportbekleidung anbietet? Ich wäre es nicht.

Genug des Exkurses. Dort, wo es um messbare Ziele geht, seien Sie also sehr konkret in der Formulierung, an anderer Stelle nehmen Sie das Wohl der Kunden und Mitarbeiter und vielleicht auch Ihrer Nachbarn mit ins Auge, bevor Sie das Ziel manifestieren.

Öffnen Sie Ihr Denken

Okay, es wird doch wieder anstrengend. Aber nicht in der Umsetzung Ihrer Ziele sondern vielmehr im Verstehen und Lesen dieses Buches. Was meint die Autorin denn nun schon wieder zum Besten geben zu müssen?

Die Aufforderung, Ihr Denken zu öffnen beruht darauf, dass die meisten Menschen häufig in Einbahnstraßen denken. Auch mehr als einen Gedanken zu einer Zeit zu denken, ist nicht häufig verbreitet - und oft geht das auf Kosten der Qualität der Gedanken, wenn das Gehirn quasi überläuft vor Gedanken.

Was meine ich mit Einbahnstraßendenken? Eine Einbahnstraße führt Sie (zumindest als Autofahrer und legal) immer nur in die eine Richtung. Sie müssen am Ende ankommen, bevor Sie eine neue Richtung nehmen können. Genauso denken Sie über meine gerade ausgeführte Behauptung nach und können jetzt nicht gleichzeitig Ihre Urlaubsreise buchen.

Das Einbahnstraßendenken ist per se weder schlecht noch gut. Sind Sie ein Naturwissenschaftler, der sich auf eine bestimmte Nische spezialisiert hat? Dann ist diese Form des Denkens außerordentlich gut für Sie. Denn Sie können ganz einfach Schritt für Schritt folgerichtig weiter gehen. Sie werden quasi von der Einbahnstraße in die richtige Richtung geführt.

Arbeiten Sie jedoch in einem Bereich, in welchem Sie mit sehr verschiedenen Menschen zu tun haben, kann Ihnen diese Denkweise den einen oder anderen Streich spielen. Stellen Sie sich diese Situation vor: Sie haben heute jemanden im Gespräch, der von seiner Meinung ganz und gar überzeugt ist, obwohl er damit nach den so genannten objektiven Tatsachen irrt. Sie erleben einen Menschen, der in seiner Einbahnstraße gefangen ist. Er sieht nur das, was er in seiner Situation sehen will. Dass seine Beobachtung auch noch anders beurteilt werden könnte, sieht er nicht, denn er ist in der Einbahnstraße gefangen.

Dass es mindestens zwei Seiten einer Beobachtung geben könnte, auf die Idee kommt derjenige nicht.

In Gerichtsverhandlungen kann man oft erleben, dass unabhängige Zeugen, die gleichwohl unmittelbar ein und dasselbe Geschehen beobachtet haben, völlig unterschiedliche Beschreibungen abgeben. Für den Richter ist es auf diese Weise schwer, sich ein so genanntes objektives Bild des Geschehnisses zu machen. Dabei wäre das gerade so wichtig, um die Schuld eines Angeklagte beurteilen zu können. Eines wissen die Richter aus Ihrer Ausbildung indes schon: meist haben die Zeugen alle recht und sie liegen auch alle falsch. Denn jeder Mensch beobachtet eine Situation aus seiner subjektiven Wahrnehmung.

Ein Liebhaber von alten Autos beurteilt den 25 Jahre alten Mercedes anders als ein Umweltaktivist, der unter schlechter Luft leidet. Beide jedoch meinen, die Wahrheit ganz objektiv zu sehen und verharren in Ihrer jeweiligen Einbahnstraße. Und hier kommt wieder eines ins

Spiel: Ursache und Wirkung - und zwar auf Seiten der Zeugen. Dazu sei angemerkt: das sowohl der Umweltaktivist als auch der Autoliebhaber nur einen Teil der Ganzheit sehen und andere Teile davon leugnen.

Wir sollten immer daran denken, dass Einbahnstraßendenken uns sehr begrenzt. Jedes Ding, jede Situation hat immer mindestens zwei Seiten. Manchmal können wir die anderen Seiten nur dann erkennen, wenn wir unseren Blickwinkel verändern.

Wenn Sie also für den Weg offen sein wollen, dann verändern Sie ab und an mal Ihre Perspektive.

Ist es okay, sich Geld als Ziel zu setzen?

Sie haben im Moment nur einen Wunsch? Endlich mehr Geld zu bekommen? Ist das okay? Dürfen Sie das? Aber ja: programmieren Sie sich Ihren Wohlstand. Wenn es Ihnen wirklich gut geht, nützt das allen! Doch bevor Sie starten, überlegen Sie, wo Sie jetzt stehen und machen Sie sich Gedanken darüber, was Sie mit dem Geld, wenn Sie dieses manifestieren, also programmieren, überhaupt anfangen wollen?

Träumen Sie davon, dass Sie sich Reichtümer anschaffen und in Luxus schwelgen? Vielleicht geht es Ihnen dann so, wie vielen Lottomillionären, die wenige Jahre nach ihrem Riesengewinn ärmer sind als vorher? Woran das liegt? Weil diese Menschen einfach kein Verhältnis zum Geld haben und auch die Verantwortung dafür nicht übernehmen wollen.

Ich habe mal eine Familie kennengelernt, die eine größere Erbschaft gemacht hat und sich ein großes Haus mit Pool und allem drum und dran gekauft hat. Nach drei Jahren zog die Familie in eine Sozialwohnung. Was war passiert? Diese Familie hat einfach nur den Luxus und nicht die Verantwortung gesehen. Ein Haus kostet im Unterhalt einiges an Geld. Wenn das Einkommen entsprechend hoch ist, ist das kein Problem. Grundsteuer, Instandhaltung, Versicherungen, Poolpflege, Gartenpflege und, und, und. Da keiner von beiden mehr arbeiten wollte, schließlich hatten Sie ja einiges geerbt, hat die Familie aus ihrem Vermögen gelebt. Das war schneller aufgebraucht, als die Familie gucken konnte.

Wenn Sie sich also Wohlstand wünschen, dann machen Sie sich ein Bild davon, wie er aussehen soll. Und seien Sie sich darüber bewusst, dass Sie solch ein Ziel nur dann halten können, wenn Ihr Einkommen eine entsprechende Höhe bekommt. Oft ist es ohnehin besser in kleineren Schritten zu wachsen und nicht in zu großen. So können Sie ein Gefühl für den Stand der Dinge entwickeln. Überlegen Sie doch mal: Sie sind doch auch nicht vom Säugling zum Erwachsenen innerhalb nur von Tagen gewachsen. Sie sind langsam aber stetig gewachsen, so dass Sie Ihr Gefühl für Ihren Körper mitwachsen konnte.

Nach dem Prinzip von Ursache und Wirkung können Sie sich 10 Millionen Euro programmieren. Wenn Sie die Programmierung richtig machen, dann erreichen Sie das Ziel auch. Denn das Gesetz gilt immer - für überlegte und für unüberlegte Dinge. Für Dinge, die Ihnen gut tun und Sie wachsen lassen genauso wie für Dinge, die Ihnen missfallen und Sie krank machen.

Bevor Sie sich an hohe Geldbeträge heranwagen, überlegen Sie doch erst einmal, was Sie mit dem Geld anfingen? Würden Sie sich nur Luxusartikel kaufen? Dann sind auch 10 Millionen sehr schnell weg. Oder das Geld nachhaltig anlegen? Haben Sie eine Ahnung von Geldanlagen? Wo wäre Ihr Geld sicher? Wo würde es für gute Dinge arbeiten? Wo für Kriege sorgen? Wollten Sie Immobilien kaufen und vermieten? Kennen Sie sich mit Immobilien aus? Können Sie den Wert einer Immobilie einschätzen? Oder wären Sie auf Gedeih und Verderb auf so genannte Experten angewiesen, die möglicherweise vor allem eines im Sinn haben: Sie um Ihr Geld zu bringen? Und selbst wenn die Immobilie gut ist, wissen Sie, was Sie als Vermieter alles zu beachten haben? Es gibt eine Menge Gesetze, an die Sie sich halten müssen. Und Sie müssen für Immobilien Steuern zahlen, die Mieteinnahmen versteuern, können Unterhaltungskosten gegenrechnen und so weiter, und so fort.

Sie könnten auch ein Unternehmen gründen. Das wäre zumindest ein recht nachhaltiger Gedanke. Doch auch der ist ohne Wissen darum kaum umzusetzen. Vor allem aber: Welcher Art soll Ihr Unternehmen sein? Wollen Sie etwas herstellen? Dienstleistungen anbieten? Wie wollen Sie Ihr Unternehmen führen? Einen Geschäftsführer einstellen oder sich selbst kümmern? Vielleicht programmieren Sie sich statt dessen lieber gleich ein florierendes Unternehmen, welches so viel Gewinn abwirft?

All das sollten Sie unbedingt bedenken, bevor Ihre Ursache 10 Millionen Euro als Wirkung zeigt. Geld ist übrigens weder gut noch böse. Sie können gute Dinge damit tun, genauso können Sie schlechte Dinge machen. Das Sprichwort „Geld verdirbt den Charakter" stimmt so übrigens meines Erachtens nicht. Es ist vielmehr so, dass es den Charakter unterstreicht. Es gibt wirklich tolle, sehr wohlhabende Menschen und eben andere. Genauso wie in der Mittelschicht oder unter ärmeren Menschen.

Geld löst selten ein Problem. Viel eher ist Geld der Weg mit dem Sie etwas machen. Wenn Sie sich ein großzügiges Zuhause wünschen, also programmieren, dann wird vielleicht das Geld dafür in Ihre Hände fallen.

Allerdings ist es gut, wenn Sie Ihr Verhältnis zu Geld in positive Bahnen programmieren. Wenn Ihr Glaubenssatz bisher nämlich der war, dass Geld den Charakter verdirbt oder Sie es nicht wert sind, dann werden Sie viele Ziele vergeblich programmieren, denn immer wieder kommt Ihnen die Programmierung dazwischen, dass Sie es nicht wert sind.

Lassen Sie das Geld einfach fließen, genauso wie die Energie. Es kommt und geht. Wenn Sie den

Geldfluss blockieren, dann haben Sie eine Störung und es fließt woanders hin, wie bei einem Fluss, in welchem sich ein Hindernis befindet. Das Wasser weicht aus und fließt woanders hin. Oder es wird gestaut und davor baut sich ein großer See auf. Hinter dem See fließt nur noch ein kleines Rinnsal, mehr ist von dem mächtigen Fluss nicht geblieben.

Betrachten Sie Geld nur als Mittel, nicht als erstrebenswertes Ziel. Wenn Sie eine Handvoll Geld nehmen und davon einer armen Familie ein Zuhause bauen, nutzen Sie das Mittel gut. Legen Sie es daheim in den Tresor, so wie es Onkel Dagobert in Entenhausen getan hat, kann es gar nichts bewirken - immerhin auch nichts schlechtes, was es könnte, wenn Sie davon Waffen oder Drogen finanzierten. Aber der Tresor bewirkt, dass sich der Geldfluss staut. Und es kommt dann woanders zu wenig an. Wie beim eben zitierten Fluss.

Gucken Sie doch einmal auf die unterschiedlichen Staaten und ihre Volkswirtschaften. Dort, wo jeder im Rahmen seiner Vernunft Geld investiert, dort fließt es - und die Wirtschaft floriert, was allen zugute kommt. Dort, wo hingegen wenige fast alles besitzen und es zurückhalten, in Luxus zu investieren und es zum reinen Selbstzweck wird, dort leiden die Menschen. Der Geldkreislauf ist unterbrochen.

Ein Kreislauf muss fließen, sonst ist er kein Kreislauf mehr. Genauso wie bei Ihnen. Solange Ihr Kreislauf fließt, geht es Ihnen gut, Sie leben einfach. Doch wenn Ihr Kreislauf unterbrochen wird, werden Sie krank und sterben, wenn der Kreislauf zu lange angehalten wird. Fließen lassen bedeutet Leben, Festhalten bedeutet Tod.

Überall im Leben sehen Sie das. Wenn der Regen nicht mehr fließt, versiegen die Flüsse und trocknen die Seen aus. Die Pflanzen sterben und es entstehen Wüsten.

Das Leben besteht aus Nehmen und Geben in einem fort. Wenn Sie nur geben ist das Ihr sicherer Tod, wenn Sie nur nehmen, ist das der sichere Tod für andere.

Auch wenn Ihnen die Politiker und vor allem die Investmentbanker etwas anderes erzählen oder Sie anders aufgewachsen sind: Lassen Sie Ihr Geld fließen, es wird Ihnen wieder neues Geld zufließen. Wenn Sie Ihr Geld statt dessen sparen, entziehen Sie dem Kreislauf die Energie und Sie beweisen im Grunde nur, dass Sie dem Leben nicht vertrauen. Natürlich dürfen Sie für die eine oder andere Anschaffung Geld zurücklegen und Sie sollen auch an Ihre Alterssicherung denken, aber Sie sollen nicht geizig sein, nicht den Kreislauf deswegen unterbrechen, um einfach das Geld zu sparen und zurückzuhalten, nur um es zu behalten.

Auch wenn Sie über wenig Geld verfügen, sollten Sie im kleineren Rahmen Ihr Geld ebenfalls fließen lassen. Geben Sie es gerne weiter und genauso gerne wird es zu ihnen zurück kommen.

Welchen Stellenwert nimmt bei Ihnen das Geld ein? Gönnen Sie anderen Menschen ihren Reichtum? Oder sind Sie der Meinung, dass diese Menschen so viel Geld nicht verdient haben?

Können Sie sich für andere Menschen und deren Erfolg freuen? Oder sind Sie eher neidisch und missgünstig?

Wenn Sie schlecht über Geld reden und schlecht über reiche Menschen denken, dann haben Sie ein gestörtes Verhältnis zum Geld. Überdenken Sie das lieber noch einmal, bevor Sie sich Reichtum wünschen. Neid ist jedenfalls nicht der richtige Ansporn für Wohlstand.

Heißt es bei Ihnen Geld = Neid = schlechtes Gefühl, Neid = Geld, schlechtes Gefühl = Geld? Dann behindern Sie den Geldfluss schon, bevor er sich überhaupt einstellen kann. Oder wollen Sie etwa ein schlechtes Ziel programmieren? Wie soll Ihr Unterbewusstsein sich verhalten?

Sie müssen die Wirkung auch annehmen

Haben Sie auch schon einmal eine solche Situation erlebt? Sie waren mit ein paar Freunden aus und die Runde löst sich auf. Als es ans Bezahlen geht, sagt ein Freund, dass er die Runde übernimmt. Was passiert? Lassen sich alle von Ihrem Freund einladen oder zahlt der eine oder andere seine Getränke dennoch selbst? Und Sie? Können Sie das Geschenk Ihres Freundes annehmen? Wenn ja, mit welchen Gedanken? Dass Sie das nächste Mal an der Reihe sind - und Sie befürchten, dass das ein teurer Abend werden könnte?

Sehen Sie das Problem? Wir können sehr oft Geschenke nicht annehmen - oder nur mit einem unguten Gefühl. Anstatt dass wir uns freuen und uns bedanken, zögern wir und in uns laufen diverse ungute Gedanken ab.

Erinnern Sie sich noch? Gedanken schaffen die Ursache, die Ursache die Wirkung?

Wie soll jemand etwas loslassen, es in den Kreislauf übergehen lassen, wenn Sie sich dagegen wehren? Sie behindern sich und Ihren Freund bei Ihrem Wachstum, weil Sie den Energiekreislauf und Geldkreislauf unterbrechen. Dabei bedeutet Leben doch wachsen.

Haben Sie sich schon einmal gefragt, warum Sie so schlecht annehmen können? Liegt das vielleicht daran, dass Sie sich selbst nicht gut annehmen? Dass Sie meinen, Sie seien es nicht wert? Liegt da der Hase im Pfeffer begraben?

Als was oder wen sehen Sie sich? Wenn Sie es nicht wert sind, dass ein Freund Ihnen ein Geschenk macht? Lieben Sie sich? Oder mögen Sie sich wenigstens? Was? Sie wissen das nicht so genau? Dann wird es Zeit, in sich hinein zu horchen!

Und? Was haben Sie herausgefunden? Wenn Sie sich nicht lieben, mit sich selbst nicht so gut klar kommen, wie können Sie dann überhaupt andere Menschen lieben? Und wie soll ein anderer

Mensch wiederum Sie lieben, wenn Sie sich selbst nicht einmal so weit vertrauen, dass Sie sich lieben?

Solange Sie sich nicht so annehmen, wie Sie sind, mit all Ihren Stärken und Schwächen, so lange können Sie auch keinen anderen Menschen annehmen. Sie kennen doch das Gebot: „Du sollst Deinen nächsten lieben wie Dich selbst." Wenn Sie sich aber nicht lieben, wie sollen Sie dann andere Menschen lieben?

Und es wird noch schlimmer. Wenn Sie sich nicht annehmen und lieben können, wie können Sie dann die von Ihnen programmierten Ziele annehmen. Sie trauen sich doch selbst nicht über den Weg und sabotieren sich immer wieder selbst.

Wissen Sie, wie Menschen sich verhalten, die sich selbst nicht lieben? Sie reden über andere Menschen geringschätzig. In der Hoffnung, dass sie selbst sich dann besser fühlen, behandeln sie diese Menschen schlecht und ziehen über sie her. Nur wer ein sehr geringes Bild von sich hat, wird über andere so reden. Und meistens sind diese Menschen nicht einmal besonders nett zu sich selbst. Sie rauchen und schaden sich damit, stopfen ungesundes Zeug in sich hinein. Würden Sie jemandem, den Sie lieben, eine Schachtel Zigaretten schenken? Beispielsweise ihrem Kleinkind? Wer sich selbst nicht liebt, der behandelt sich schlecht, auch wenn das heute normal zu sein scheint.

Ich hatte vor vielen Jahren mal ein Gespräch mit einem Freund. Er hatte sich eine tolle Eigentumswohnung ausgebaut und eine wirklich schöne Küche im Mittelpunkt der Wohnung entstehen lassen. Was meinen Sie, wie oft er in dieser Küche gekocht hat? Einmal pro Tag? Einmal pro Woche? Einmal pro Vierteljahr? Alles falsch, nach mehr als zwei Jahren hat er den Backofen das erste Mal in Betrieb genommen - um darin eine Pizza für sich und seine Tochter aufzubacken. Ansonsten hat er immer nur Brot oder in der Kantine seines Arbeitgebers gegessen.

Als ich ihm sagte - ich war damals ebenfalls Single -, dass ich jeden Tag mindestens einmal pro Tag etwas richtig Tolles für mich koche, war seine Antwort: „Das lohnt sich für mich nicht."
Und ich konterte: „Ich bin mir das wert!"

Sehen Sie, es ist heute normal, sich selbst zu vernachlässigen. Nicht umsonst gibt es um uns herum so viel Fastfood und auch in den Supermärkten so viele Fertigprodukte. Wenn wir sie nicht kaufen würden, gäbe es sie gar nicht.

Noch ein Beispiel für Situationen, in denen Sie sich vernachlässigen gefällig? Haben Sie schon mal zu jemandem Ja gesagt, obwohl Sie nein gemeint haben? Bestimmt, oder? Wenn Sie das also getan haben, dann war das zwar schön für den anderen, nicht aber schön für Sie. Denn Sie haben zu sich selbst Nein gesagt in diesem Moment, obwohl Sie es doch anders gefühlt haben. Sie haben sich gegen Ihren eigenen Willen entschieden und nicht auf sich selbst gehört.

Was spricht dagegen? Sie tun doch immerhin jemand anderem einen Gefallen und der hat doch auch Bedürfnisse. Sie haben sich klein gemacht und sind lieblos mit Ihnen umgegangen. Wie wollen Sie in Zukunft von jemand anderem erwarten, dass er Ja zu Ihnen sagt, wenn Sie es selbst nicht einmal tun?

Das ist eine wichtige Aufgabe: Lernen Sie dann Nein zu sagen, wenn Sie Nein meinen!

Würden sich die meisten Menschen selbst lieben, hätten wir ganz gewiss nicht so viele Probleme auf der Welt. Neid und Missgunst, sie entstehen doch nur daraus, dass wir uns nicht lieben und deswegen den anderen Menschen die Butter auf dem Brot nicht gönnen. Also: Lernen Sie sich selbst zu lieben! Ab heute, ab sofort!

Wie Sie das anstellen? Wie wäre es mit positiven Glaubenssätzen? Mit Affirmationen? Sie könnten sich beispielsweise morgens vor dem Aufstehen schon einmal sagen: „Ich liebe mich, so wie ich bin. Und es geht mir mit jedem Tag besser und besser!" Gucken Sie sich im Bad im Spiegel an und schenken Sie sich selbst ein Lächeln. Auch wenn es das erste Mal schwer fällt, es wird sofort eine Wirkung zeigen, glauben Sie mir! Wie schön ist es doch, den Tag mit einem Lächeln zu beginnen. Und das schenken Sie sich auch noch selbst!

Was glauben Sie, wie es uns allen auf dieser Erde besser ginge, wenn wir uns selbst besser behandelten und somit auch die anderen - Sie erinnern sich: „Liebe Deinen Nächsten wie Dich selbst." Keine üblen Nachreden mehr, kein Getratsche, sondern ernsthaftes und ehrliches Interesse am anderen.

Kennen Sie den Song „Imagine" von John Lennon?

„Stell Dir vor, es gäbe keinen Himmel. Es ist ganz leicht, versuche es. Unter uns keine Hölle und über uns nur der blaue Himmel. Stell Dir all die Menschen vor, die im Jetzt leben. Stell Dir sich vor, es gäbe keine Länder. Das ist überhaupt nicht schwer.

Nichts, wofür man töten oder sterben müsste.

Und auch keine Religionen. Stell Dir all die Menschen vor, die in Frieden leben.

Du magst mich für einen Träumer halten, aber ich bin nicht der einzige. Ich hoffe, Du stößt eines Tages zu uns und die Welt wird Eins werden.

Stell Dir vor, es gäbe keine Besitztümer. Ich frage mich, ob Du das kannst. Keinen Bedarf für Gier und Hunger. Eine Bruder-/ Schwesternschaft der Menschen. Stell Dir all die Menschen vor, die sich die ganze Welt teilen.

Du magst mich für einen Träumer halten, aber ich bin nicht der einzige. Ich hoffe, Du stößt eines Tages zu uns und die Welt wird EINS werden."

Brachte es John Lennon mit diesem Lied nicht auf den Punkt? Lassen Sie uns zusammen

träumen. Schließen Sie sich uns an. Und Sie auch, genauso wie Sie!

Drei Ebenen des Denkens

Wir können unser Denken in drei Ebenen aufteilen. Wissen Sie, in welcher Ebene sie am besten denken? Nein, woher auch? Darüber haben Sie sich noch keine Gedanken machen können, da Sie wahrscheinlich heute das erste Mal von diesen drei Ebenen hören.

Es geht um diese drei Ebenen:

1. **Die Ebene der Schöpfung**

    Sie schafft Neues (kreativ), lässt Positives entstehen, findet Lösungen (lässt los)

2. **Die Ebene der Erhaltung**

    Sie will Zustände erhalten (nicht loslassen), bestätigen und erhalten. Sie ist nicht offen für Neues und Ungewohntes. Sie bekämpft Veränderungen.

3. **Die Ebene der Zerstörung**

    Sie verneint und weiß, dass alles negativ ist. Sie verurteilt und kritisiert. Sie tadelt und spricht schuldig. Zu ihr gehört auch der Neid.

Was meinen Sie, in welcher Ebene denken Sie am häufigsten? Wenn wir die Ebenen etwas näher ansehen, fällt uns auf, dass auf der **Ebene der Schöpfung** meist kreative Menschen zu finden sind. Sie wollen Positives entstehen lassen, haben Ideen und wollen diese umsetzen. Diese Ebene nutzen Menschen, die Neues bringen und Lösungen finden, wenn Probleme da sind. Menschen, die sich und andere Menschen lieben, nutzen diese Denkebene.

Auf der **Ebene der Erhaltung** befinden sich Menschen, die die herrschenden Zustände halten wollen. Menschen, die gegen Veränderungen sind und diese sogar bekämpfen. Menschen, die auf dieser Ebene denken, wollen den Status Quo erhalten und haben Angst vor der Zukunft.

Menschen, die alles verneinen und ablehnen, nutzen die **Ebene der Zerstörung** Diese Menschen erklären Ihnen dauernd, wie schlimm alles ist. Sie tadeln und kritisieren andere. Ganz typisch für solche Menschen ist, dass sie neidisch auf andere sind.

Auf welcher Ebene funktioniert die Abteilung Ihrer Firma, in der Sie arbeiten? Wann haben Sie das letzte Mal eine Innovation aus Ihrer Abteilung entwickelt, wann umgesetzt? Sind Sie kreativ? Lösen Sie Ihre Abteilungsprobleme? Denkt und handelt Ihre Abteilung in der Ebene der Schöpfung?

Oder sind Sie eher dort angesiedelt, wo es um die Erhaltung geht? Verwalten und beamten Sie eher? Setzen Sie bzw. Ihre Kollegen Ihre Energie für die Verteidigung Ihres Sessels ein statt für Innovationen?

Oder funktioniert Ihre Abteilung auf der Ebene der Zerstörung? Laufen bei Ihnen Intrigen? Wird bei Ihnen gemobbt? Sind die Kollegen untereinander neidisch?

Und auf welcher Ebene funktioniert Ihre Familie? Ihr Freundes- und Bekanntenkreis? Und Sie persönlich?

Übrigens sind diese Überlegungen auch wichtig, wenn es um Ihre Gesundheit geht. Es ist Fakt, dass sich die Wahl der Ebene der Schöpfung signifikant auf die Menge der im Körper gebildeten weißen Blutkörperchen auswirkt. Die Wahl der richtigen Denkebene ist somit genauso wichtig wie eine gute Ernährung und Bewegung.

Wir haben gelernt, dass Denken Energie ist. Und dass Energie schwingt. Jede dieser Denkebenen hat eine andere Schwingungs-Frequenz. Das können Sie sogar messen. Die Ebene der Schöpfung hat die feinste Schwingung. Die Ebene der Zerstörung die schlechteste Schwingungsfrequenz, wie Sie sich sicherlich schon gedacht haben. Neben dem Gesetz von Ursache und Wirkung gibt es auch das Gesetz der Vibration bzw. der Schwingungen, ebenfalls ein Naturgesetz, welches mitunter besser als Gesetz der Anziehung bekannt ist. Nach diesem Gesetz ziehen Sie immer die Schwingung in Ihr Leben, dass Ihrer eigenen Schwingung entspricht. Denken Sie also auf der Ebene der Zerstörung, ziehen Sie negative Dinge und Zerstörung in Ihr

Leben. Ihr Eindruck stimmt also, wenn Sie sagen, alles um Sie herum ist schlecht.

Wer wiederum hauptsächlich auf der Ebene der Schöpfung unterwegs ist, sieht die Welt viel positiver, weil durch seine Gedankenfrequenz lauter positive Dinge in sein Leben gezogen werden. Solche Menschen haben immer Glück, lernen tolle Menschen kennen. Sie empfinden das Leben als schön, weil es sich Ihnen auch genauso offenbart.

Sie sind also wirklich Ihres Glückes Schmied. Ihre Gedanken, Ihr Innerstes, bestimmen, ob Sie Gutes erleben oder Schlechtes.

Sie haben es übrigens schwer, die Denkebene zu wechseln, wenn Sie beruflich auf der untersten Ebene verharren. Wer sich dauernd mit der Schattenseite des Lebens befasst, erntet eben genau das: Schatten. Dazu gehören Polizisten aber durchaus auch Journalisten - vor allem dann, wenn sie von ihrer Redaktion mit dem Auftrag losgeschickt werden, etwas zu „zerreißen" also schlecht zu machen. Wir kennen alle diese Blatt mit den vier Buchstaben…

Nicht in Problemen denken

Ich habe mir vor einiger Zeit ein Hörbuch gekauft. Die erste Geschichte handelt von einem Steinmetzen. Dieser stand am Fuße eines Berges und hämmerte und kratze am Felsen herum. Das Wetter ist schön und die Sonne brennt ihm auf den Nacken. Er stöhnt und jammert und fleht zu Gott, dass er doch bitte gerne die Sonne wäre, weil die schließlich so stark und mächtig sei, dass sie ihm auf den Nackens scheinen könne. Und schon war er die Sonne. Doch dann zogen Wolken auf und trübten ihm den Blick auf die Erde. Er wünscht Sie, er wäre der Wind und könnte die Wolken einfach wegblasen. Als er der Wind wurde, pustete er, was das Zeug hielt, kam aber am Berg nicht vorbei. Der Berg schien ihm noch viel mächtiger und so wurde er zum Berg, denn dann am Fuße etwas hämmerte und kratzte…

Der Steinmetz fand immer Probleme und dachte nur vordergründig an Lösungen, indem er seine Identität mit dem vermeintlich besseren tauschte. Es hat ihm nichts geholfen. Er hat das Negative, das Zerstörerische gesucht und auch gefunden. So konnte er immer nur im Kreise laufen. Vom Steinmetz über die Sonne, den Wind, den Felsen zum Steinmetz zurück. Er hat zwar eine Reise getan, diese aber nicht genießen können. Am Ende der kleinen Geschichte war er lediglich am Anfang wieder angekommen.

Der Steinmetz konnte solange nicht erfolgreich sein, solange er nicht nach einer Lösung sondern nur nach Problemen gesucht hat. Ich finde, diese Geschichte zeigt das besonders deutlich, da der Steinmetz selbst bestimmt die Idee, die Sonne zu werden als Lösung angesehen hat. Und doch war es in Wirklichkeit die Ebene der Zerstörung.

Um aus dieser Spirale herauszukommen, müssen Sie auf die Ebene der Schöpfung wechseln. Sie müssen sich neue und kreative Gedanken erlauben und dürfen keine Angst vor Veränderung haben. Auch die Ebene der Erhaltung kann keine Lösung sein. Das bedeutete „Augen zu und durch", bloß nichts verändern und am Abend hätte der Steinmetz vielleicht sogar einen Sonnenstich gehabt. Wäre er auf die Ebene der

Schöpfung gewechselt, was hätte er alles erreichen können? Einen Sonnenschutz zu benutzen, auf die Schattenseite des Berges wechseln, ein paar Stunden warten, bis die Sonne gewandert wäre, an einem weniger sonnigen Tag diese Arbeit erledigen und diesen extrem sonnigen Tag für eine andere Aufgabe zu nutzen. Und am Abend hätte er seine Arbeit fertig gehabt. Fallen Ihnen noch weitere Möglichkeiten ein?

Versetzen Sie sich noch einmal einen kurzen Augenblick in den Steinmetzen. Glauben Sie, dass Sie mit seiner Einstellung gute Ziele hätten programmieren können? Wären Sie am Ende auch nur wieder zum Anfang zurück gekehrt? So ist es oft im Leben. Solange Sie nicht auf die Ebene der Schöpfung wechseln, solange können Sie vermeintlich tolle Ziele programmieren - und doch keine gewollte Wirkung erhalten. Das Programmieren eines Ziels ist ein schöpferischer Vorgang und deswegen bedarf er der Ebene des Schöpfung!

Erinnern Sie sich noch an das Zitat von Albert Einstein weiter vorne im Buch? Nur neues Denken produziert auch neue Ergebnisse! Sonst sabotieren Sie sich selbst.

So traurig es auch ist, die meisten Menschen tummeln sich eher auf den beiden unteren Ebenen. Daher auch die vielen negativen Äußerungen. Sind Sie Mitglied bei Facebook? Dort können sie täglich tausende von negativen Sprüchen und Beleidigungen lesen. Schadenfreude und Häme, Angriffe und Drohungen sind dort leider an der Tagesordnung. Doch zum Glück gibt es immer wieder auch rühmliche Ausnahmen. Höfliche und freundliche Menschen, die ihre Äußerungen bedenken und anderen nur Gutes wünschen. Welch eine Erholung, solche Worte zu lesen!

Schön und gut, Sie wollen jetzt gewiss wissen, wie Sie es schaffen, auf die oberste Denkebene zu kommen. Auf die Ebene der Schöpfung. Schließlich wollen Sie Ihr Ziel erreichen, sonst hätten Sie sich das Geld für dieses Buch auch sparen können! Wo ist der Weg hinauf?

Haben Sie schon einmal von der Ackermann'schen Lebensphilosophie gehört? Jakob Ackermann, dem diese Philosophie zu verdanken ist, hat sie in einem Satz zusammengefasst: Nicht in Problemen sondern in Lösungen denken. Oder kurz: NIPSILD®

Was ist daran nun so spektakulär? Ganz einfach, beobachten Sie doch einmal Ihre Umwelt. Worüber reden die Menschen? Wer krank ist, spricht von Krankheiten. Oft wissen die Menschen mehr über ihre Krankheiten als es ihr Arzt weiß. Dank Google und anderen Suchmaschinen ist der Kranke heute über jedes Symptom und über jede mögliche Nebenwirkung eines Medikamentes informiert. Was ist daran verkehrt? Richtig: Das Denken, die Ursache, die Wirkung…

Nächstes Beispiel: Menschen, die von Hartz 4 leben. Sie meckern dauernd darüber, dass das Geld nicht reicht, dass sie dauernd zum Amt müssen… Denken, Ursache, Wirkung… Mit einem solchen Denken, manifestieren diese Menschen ihr Problem!

Wir haben in der modernen Welt gelernt, dass wir alles mögliche ganz schnell mal eben recherchieren können. Wie wahrscheinlich ist es, vom Blitz getroffen zu werden, wenn ich heute Abend ins Freiluftkino gehe? Was kann ich gegen die Energieverschwendung tun? Wie kann ich das Leid auf der Welt bekämpfen? Ich kann denken und lesen und so die Probleme weiter verstärken.

Was passiert denn, wenn Sie gegen Ihre Krankheit kämpfen? Sie geben Ihre Energie nun mit Macht in Ihren Gegner, mit Macht und Leidenschaft. Und das, obwohl Sie etwas Gutes tun und endlich gesunden wollen!

Sie denken auf diese Weise in Problemen und nicht in Lösungen. Wenn Sie schon unbedingt kämpfen müssen, dann doch bitte für etwas! Für Ihre Gesundheit, für den Weltfrieden - obwohl das doch eher nach einem Paradox klingt, nicht wahr?

Wie sieht die Lösung aus, wenn Sie krank sind? Vorsicht, Sie müssen nicht den Weg finden, sondern die Lösung. Die Lösung ist nicht das Krebsmedikament, das ist lediglich ein Weg! Die

Lösung für das Problem Krankheit ist GESUNDHEIT. Statt also gegen die Krankheit zu kämpfen, setzen Sie doch viel besser Ihre Gesundheit als Ziel!

Schreiben Sie sich die Buchstaben NIPSILD auf kleine Klebezettelchen und kleben Sie diese überall hin, wo Sie sich länger aufhalten. An den Computerbildschirm, im Bad an den Spiegel, im Auto auf das Armaturenbrett oder an den Küchenschrank. So stolpern Sie immer wieder darüber und nach und nach kann diese Methode in Ihr Denken integriert werden.

Wenn Sie ein Problem haben, lehnen Sie sich zurück und fragen sich nach der Lösung. Oft ist sie ganz einfach. Wie der Gegenpol zu etwas. Gesundheit statt Krankheit, heil statt kaputt. Einfach statt kompliziert. Und nicht vergessen: Der Weg ist nicht die Lösung! Das Ziel ist die Lösung! Es geht um das Ergebnis, das Sie erreichen wollen, um die Wirkung. Dann können Sie die passende Ursache setzen.

Haben Sie eine Lösung? Dann stellen Sie sich das Ergebnis vor? Fühlt es sich gut an? Dann freuen Sie sich darüber! Gratulieren Sie sich, dass Sie eine so tolle Lösung gefunden haben! Auf diese Weise kommen Sie ganz automatisch in die feine Stimmung der Ebene des Schöpfens. Jetzt ziehen Sie das Ergebnis an!

Vielleicht lernen Sie jetzt Menschen an, die ebenfalls so kreativ schwingen wie Sie? Diese könnten Sie bei der Lösung des Problems unterstützen. Auf einmal sehen Sie eine Menge „Zufälle", die Ihnen auf dem Weg zur Lösung helfen.

Bleiben Sie andererseits auf der ebene der Zerstörung, schimpfen und meckern, dann schwingen Sie in dieser schlechten Frequenz - und auch hier funktioniert das Gesetz der Resonanz hervorragend: das Problem wird schlimmer und Sie ziehen weitere Probleme in Ihr Leben.

Kommt Ihnen die Lösung ums NIPSILD zu einfach vor? Dennoch funktioniert sie ganz hervorragend! Was vergeben Sie sich, wenn Sie sie einfach ausprobieren? Ich verspreche Ihnen, Sie werden bei konsequenter Anwendung großartige Erfolge haben!

Das Außen ist das Spiegelbild des Innen

Oh ja, jetzt wird es wieder esoterisch! Ihre äußere Welt ist das Spiegelbild Ihrer Seele oder Ihrer Gedanken, ganz wie Sie wollen. Oder präziser, der Gedanken, sie Sie bis dato gedacht haben.

Und die ganze Welt? Sie ist das Spiegelbild dessen, was wir alle so denken. Nicht mehr und auch nicht weniger.

Kommen Sie noch mit? Benötigen Sie Beispiele? Okay:

Denken wir mal an die Umweltverschmutzung. Wenn diese nichts anderes als ein Spiegelbild dessen sein soll, was in unser aller Köpfe los ist, dann liegt das an unseren vielen schlechten Gedanken und auch daran, dass uns die Natur offensichtlich nicht mehr wichtig ist - global gesehen. Anwesende natürlich ausgenommen.

Wir sind mehr in unseren Kunstwelten von Fernsehen und Online-Spielen gefangen, da kann es uns ja auch egal sein, ob sogar unsere Naturschutzgebiete vermüllen. Wir nehmen die andere Welt um uns herum ja kaum mehr wahr. Selbst unsere Kinder wachsen nur noch in Inseln auf. Im vergangenen Jahrhundert undenkbar. Kinder spielten draußen. Sie erfuhren Ihre Umwelt, indem Sie Dinge ausprobierten und voneinander lernten. Mit Stöckern und Steinen Welten erschufen. Im Sommerregen barfuß durch die Pfützen sprangen - und sie waren voller Glück, wenn Sie eine Pusteblume pusten durften. Heute wachsen Sie mit Großbildfernsehern, Tablet-Computern und Smartphones auf. Schaffen sich dort ihre Welten. Verstehen Sie mich nicht falsch, das ist keine Bewertung, nur eine Beobachtung. Wenn Sie dieses Draußen, wie ich es noch kennengelernt habe, aber nicht mehr wahrnehmen, müssen sie es auch nicht erschaffen. So lautet meine These dazu.

Was können wir tun, um die Umwelt wieder sauberer zu bekommen? Natürlich kann jeder einzelne darauf achten, seinen Müll nicht einfach fallen zu lassen, ihn wegzuräumen nach der Grillparty im Park. Und Menschen, die der Müll stört, können ihn aufheben und in den Mülleimer werfen. Doch das Grundproblem ändert sich nach einer solchen Säuberungsaktion nicht. Was müssen Sie tun? Korrigieren Sie die Umweltverschmutzung in Ihrem Kopf! Setzen Sie sich das Ziel „saubere Umwelt, Luft zum Atmen, Blumenwiesen mit Schmetterlingen...".

In Ihrer Firma? Auch da sollten Sie den physischen Kampf gleich wieder beiseite legen. Er hilft nicht. Beginnen Sie bei sich selbst und Ihren Gedanken. Beteiligen Sie sich nicht an Intrigen und Mobbing! Bringen Sie das auch ganz klar zum Ausdruck. Und setzen Sie das Ziel „angenehmes Arbeitsklima" in Ihren Kopf.

Wissen Sie, dass ich als Kind von meinem Vater oft zu hören bekam: „Der Klügere gibt nach"? Oh, wie mich dieses Sprichwort geärgert hat. Und eines Tages, da muss ich vielleicht so 10 Jahre alt gewesen sein, schrie die Antwort förmlich aus mir heraus: „Und deswegen reagieren die Dummen die Welt!" Heute weiß ich, dass sehr viel mehr hinter diesem Sprichwort steht. Ich streite mich mit anderen Menschen nicht um irgendwelche (banalen) Dinge. Aber ich setze mich hin und formuliere Ziele in meinem Kopf. Positive Lösungen für Herausforderungen!

Und wenn die Ungerechtigkeit noch so zum Himmel zu schreien droht. Sie müssen ja nicht klein beigeben. Sondern Sie können zum Ausdruck geben, dass Sie anderer Meinung sind. Und doch sollten Sie nicht bei den anderen die Veränderung suchen, zu der Sie selbst vielleicht nicht einmal bereit wären. Und wenn der anderen auch angefangen haben möge (in Ihren Augen), so hatte er möglicherweise sogar einen (guten) Grund dafür, ohne dass Sie ihn kennten. Also: eigene Nase! Eigene Baustelle. Sie wissen jetzt, wie Sie Dinge in Ordnung bringen können. In Ihrem Kopf!

Anders doktern Sie ohnehin nur an den Symptomen herum. Was soll das bringen? Wenn Sie keine Luft mehr im Reifen haben, können Sie die Reifen aufpumpen, solange Sie wollen. Doch solange Sie das Loch nicht schließen, wird er die

Luft nicht halten, nicht wahr? Setzen Sie eine neue, eine positive Ursache, dann wird die Wirkung entsprechend sein. Es nützt nichts, die Symptome zu bekämpfen. Nicht bei Ihrem Reifen und auch nicht bei anderen Dingen in Schieflage!

Wir haben die Landwirtschaft industrialisiert. Sogar aus guten Gründen, aus Sicherheitsgedanken - und weil jeder Mensch genügend zu Essen bekommen soll. Dafür haben wir Kunstdünger erfunden und Pflanzenschutzmittel. Wir haben die Pflanzen auf den Feldern und immer mehr auch auf unseren anderen Kulturlandschaften in Gut und Schlecht eingeteilt. Weder wollten wir Mohn- oder Kornblumen in den Getreidereihen haben, noch wollten wir, dass Insekten oder Vögel uns die Ernte streitig machen. Und heute lesen wir in den Schlagzeilen von einem Rückgang der Insekten und der Singvögel. Ich sage dazu: Voller Erfolg!

Okay, jetzt stellt sich so langsam auch bei anderen Menschen die Einsicht ein, dass Insekten und Vögel vielleicht doch ganz wichtige Mitbewohner auf unserer Erde sein könnten.

Natürlich sind auch Aufrufe, Petitionen für Verbote gegen Insektizide und Pestizide nicht verkehrt. Wir wollen uns ja auch selbst nicht vergiften. Und doch irren wir, wenn wir meinen, auf diese Weise die Probleme zu lösen. Auch hier wieder gibt es nur den einen Weg: die Ziele und somit die Ursachen in uns selbst zu setzen, um eine neue Wirkung zu bekommen. Je mehr Menschen sich daran machen, umso besser!

Sie nehmen doch auch kein Tipp-Ex, um Rechtschreibfehler auf Ihrem Bildschirm zu korrigieren, oder?

Gehen Sie viel auf Reisen? Wie verhalten Sie sich da? Ich habe einmal von einem Freund eine tolle Geschichte gehört. Er ist im Herbst in die Sonne geflogen, All-Inclusive zu einem sagenhaften Preis. Und es sind Bekannte mitgeflogen, die bei dem Preis ebenfalls nicht widerstehen konnten. Während mein Freund ein wirklich tolles Hotel vorfand: nette und zuvorkommende Angestellte, ein reichhaltiges Buffet und helle Zimmer, haben dessen Bekannte ganz offenbar in einem anderen Hotel gewohnt. Denn Sie erlebten pampige

Angestellte, ein viel zu kleines Zimmer mit Mücken und ewig nur das gleiche Essen. Und doch waren beide Parteien zur gleichen Zeit im gleichen Hotel. Wie kann das sein? Mein Freund war dankbar durch und durch für seinen Urlaub und wähnte sich für eine Woche im Paradies. Er musste nicht kochen, sein Bett nicht machen, konnte alles genießen. Dessen Bekannte suchten vom ersten Augenblick an das Haar in der Suppe - und sie fanden reichlich, weil Sie quasi nur danach gesucht haben.

Verstehen Sie jetzt, dass die Welt da draußen nur das Spiegelbild Ihrer selbst ist? Es ist die Wirkung, für die Sie die Ursache gesetzt haben, es ist der Kinofilm, für den Sie an der Kasse bezahlt haben! Es gibt keine Objektivität da draußen, weil Sie genau das sehen, was Sie wollen. Genauso wie wenn Sie morgens in Ihren Spiegel gucken: ein müdes Gesicht ohne Glanz in den Augen oder einen tollen Menschen, aus dessen Augen es nur so sprüht. Und immer, wirklich immer sind es nur Sie selbst!

Eigentlich müssen Sie nur eine Kleinigkeit verändern - und schon blickt Sie ein anderer Mensch an.

Beobachten Sie doch mal Menschen in ähnlichen Situationen. Beispielsweise in Restaurants. Nach einer Weile wissen Sie genau, was ich meine. Sie sehen den Menschen schon beim Betreten des Restaurants an, ob es ihnen dort schmecken wird und Sie sich gut behandelt fühlen. Sie wissen genau, mit welchen Menschen die Bedienung Probleme haben wird. Genauso werden Sie sehen, wer eine schöne Zeit in dem Restaurant verbringen wird. Es liegt an den Menschen selbst.

Doch der Unzufriedene würde ganz sicher vehement abstreiten, dass er die Ursache für sein Erleben selbst gesetzt hat. Dass er das Problem überhaupt erst geschaffen hat. Und noch viel weniger akzeptierte er, dass er nur eine Kleinigkeit in seinem Kopf verändern müsste und schon wäre die Welt ganz anders. Die Bedienung wäre zuvorkommend und er bekäme das beste Mahl, was er sich nur vorstellen kann.

Sie kennen sicherlich den Spruch, dass Sie vor Ihren Problemen nicht davon laufen können? Dass Sie Ihre Probleme immer mit sich auf die Reise nehmen? Doch Sie sind fest davon überzeugt, dass nicht Sie die Ursache für Ihre Probleme setzen sondern dass es der Nachbar ist, der Sie jeden Tag so nervt? Oder Ihr Partner, weil der nachts so laut schnarcht und Sie deswegen nicht Ihre nötige Nachtruhe bekommen?

Klar, dass es Ihnen eines Tages reichte und Sie erst einmal auf Abstand gehen. Vielleicht fliegen Sie alleine für zwei Wochen in die Sonne, um sich endlich mal zu erholen? Und dann? Dann ist der Service in dem Hotel so schlecht. Ihr Zimmer ist so hellhörig, dass Sie den Grashalm nebenan wachsen hören. Und von Erholung keine Spur. Sie sind noch mehr gerädert, wollen - und können deswegen auch nicht - erkennen, dass Sie der Verursacher all dessen sind.

Wirklich, Sie können tun, was immer sie wollen. Sie nehmen Ihre Probleme mit, weil es Ihre Sicht auf die Welt ist, weil es Ihre Gedanken sind, die diese Sicht bestimmen. Weil Sie die Ursachen höchstselbst dafür Tag für Tag, Stunde um Stunde selbst setzen.

Und ja, Ihr schnarchender Partner zu Hause ist auch Ihr Spiegelbild. Auch dann, wenn Sie es nicht glauben. Er sieht anders aus als Sie? Stimmt, äußerlich ist dem so. Doch er spiegelt Ihnen etwas wider - insbesondere in Situationen, in denen es Ihnen nicht gut geht und Sie etwas an Ihrem Partner gar nicht leiden können, was Sie an sich nicht mögen und möglicherweise seit Jahrzehnten erfolgreich an sich verdrängen. Vielleicht liegen diese Dinge so tief in Ihnen vergraben, dass Sie gar nicht glauben wollen, dass Sie sie dennoch haben.

Wenn Sie also an Ihrem Partner, an Ihren Kindern, an Ihren Nachbarn oder auch an Ihren Arbeitskollegen einen Zug feststellen, der Sie massiv stört, dann denken Sie darüber nach. Und finden Sie die Lösung. Wie Sie das tun sollen? Genauso wie es hier in dem Buch beschrieben ist. Wenn Sie auf Aggression stoßen, dann setzen Sie das Ziel „Friedlichkeit und Harmonie", wenn Sie

Zögerlichkeit und Ängste sehen, dann hilft Ihnen das Ziel „Mut und Zuversicht". Verwandeln Sie diese Dinge einfach in den positiven Pol. Sie wissen doch: alles hat mindestens zwei Seiten. Schwarz und Weiß zeigen nur die Helligkeit des Lichtes an. Nass und Trocken den Feuchtigkeitszustand...

Vielleicht versuchen Sie es auch mal mit dieser Übung:

Gehen Sie mit einer geeigneten Entspannungsübung in den Alpha-Zustand (Atemtechnik, Musik oder was immer Ihnen dazu verhilft).

Nun stellen Sie sich rechts auf Ihrer geistigen Leinwand einen großen Spiegel vor. Die Form des Spiegels spielt keine Rolle. Sie können ihn aber vergrößern oder verkleinern. Der Spiegel hat aber in jedem Fall einen schwarzen Rahmen.

Nun projizieren Sie in dieses Spiegel mit dem schwarzen Rahmen ein Bild Ihres Problems. Sehen Sie sich Ihr Problem im Spiegel an, so wie

Sie es jedes Mal erleben. Sie sehen Ihr Problem im Spiegel aus der Beobachterrolle und sind in diesem Moment gar nicht gefühlsmäßig involviert. Deswegen finden Sie vielleicht jetzt schon intuitiv mögliche Lösungen?

Beobachten Sie Ihr Problem eine ganze Weile aus der Distanz heraus. Und dann zerschlagen Sie den schwarzgerahmten Spiegel mit dem Bild des Problems. Nun stellen Sie sich auf der linken Seite Ihrer Projektionswand einen weiß gerahmten Spiegel vor. Dort hinein legen Sie nun mit Ihrer Phantasie das Bild der gewünschten Lösung, einem idealen Zustand, also das neue Ziel. Schauen Sie sich das Bild an und programmieren Sie nun jede Woche lang die Lösung in den weißen Spiegel. Dann lassen Sie einfach los.

Dass die Lösung in Ihrem weiß gerahmten Spiegel eine Lösung sein muss, die allen zum Wohl ist, liegt auf der Hand, nicht wahr? Sie können auch nicht programmieren, dass sich ein anderer Mensch anders verhalten soll. Das ist ein Eingriff in dessen Integrität. Stellen Sie sich also einfach nur eine gute Lösung vor, nicht einen Weg dahin!

Wie bei allen anderen Dingen so ergibt sich der Weg von alleine. Sie müssen ihn, während Sie die Lösung programmieren, nicht kennen, nicht ahnen, sich überhaupt gar keine Gedanken darum machen. Ab jetzt müssen Sie nur noch die Wegweiser erkennen und die Lösung kommen lassen.

Noch einmal kurz zusammengefasst: Sie stellen sich das Problem genau einmal in Ihrem schwarz umrahmten Spiegel vor und zerstören dieses Spiegelbild dem Problem. Dann stellen Sie sich in Ihrem weißen Spiegel den idealen Zustand vor, die beste Lösung für das Problem. Das wiederholen Sie eine Woche lang. Und die Lösung lassen Sie auf sich zukommen, bzw. gehen Ihr entgegen entlang den Wegweisern, die Sie nun sehen werden.

Warum Sie mit den beiden Spiegeln arbeiten sollen, ist Ihnen sicherlich bewusst. Die Symbolik liegt einfach auf der Hand. Die Probleme sind das Spiegelbild Ihrer selbst bzw. eines Teils Ihrer selbst. Die Positionierung der Spiegel rechts und links hat etwas mit Ihren Gehirnregionen zu tun. Sie ist wichtig für das Programmieren Ihres Gehirns.

Diese Technik können Sie für alle möglichen Probleme nutzen. Bei der Arbeit, in der Freizeit, beim Sport, wo auch immer.

So einfache Übungen, und so tolle Wirkungen - und auch noch der sich einstellende schnelle Erfolg. Probieren Sie es wirklich. Selbst wenn Sie nicht daran glauben, wird sich der Erfolg einstellen. Sie müssen die Übung nur anwenden. Je häufiger Sie so etwas tun, desto schneller verändern Sie sich, umso positiver wird Ihre Wirklichkeit.

Sie können sich mental selbst managen

Ich habe Ihnen jetzt ein paar Übungen an die Hand gegeben, aus meinem Leben geplaudert und Ihnen gezeigt, wie Sie das Gesetz von Ursache und Wirkung für sich selbst anwenden können.

Und jetzt, wo wir zum Ende des Buches kommen, fragen Sie sich möglicherweise, wo und wie Sie nun all diese Dinge ganz persönlich umsetzen können? Natürlich ist der erste Schritt immer schwer. Und vielleicht auch der dritte noch. Deswegen noch ein paar Hinweise und Fragen an dieser Stelle.

Wichtig ist, dass Sie Ihren Denkstil überprüfen. Denken Sie eher anaylitsch und rational? In manchen Situationen ist dieser Denkstil sehr vorteilhaft, in anderen eher hinderlich. Warum? Weil dieser Denkstil sie verführt, immer alles verstehen zu wollen, alles erklären zu wollen. Jede kleine Einzelheit erscheint Ihnen wichtig.

Und vor lauter Denken und Analysieren, kommen Sie keinen Schritt weiter.

Sie können dieses Buch noch einhundert Mal lesen - und andere dazu -, weil Sie zuerst verstehen wollen, was wirklich im Einzelnen passiert - und behindern sich fortwährend, weil Sie niemals anfangen, das Gesetz von Ursache und Wirkung bewusst anzuwenden.

Machen Sie das immer so? Lesen Sie erst die Bedienungsanleitung Ihres neuen Handys, bevor Sie es in Betrieb nehmen? Beschäftigen Sie sich stundenlang mit der Theorie und kommen nicht dazu, Apps in Ihr Handy zu laden, weil Sie noch nicht wissen, ob dieses oder jenes besser ist? Wollen Sie immer erst dahinter blicken?

Hören Sie doch einfach auf! Sie können nicht alles und jedes im Leben erst analysieren. Dann kommen Sie niemals dazu zu leben! Ich habe Ihnen jetzt auf so vielen Seiten das Gesetz von Ursache und Wirkung erläutert. Sie haben bislang nicht schlapp gemacht. Aber Sie wissen noch immer nicht, ob es funktionieren kann? Nun lassen Sie doch mal die Fünf gerade sein und legen mit einer kleinen Übung los. Machen Sie sie einfach. Gleich bei der nächsten Herausforderung. Ziehen Sie es eine Woche lang durch. Und dann vergessen Sie es gerne wieder - erinnern sich aber sofort daran, wenn die Wirkung einsetzt!

Werden Sie flexibler im Denken, das hilft ungemein. Und übernehmen Sie Verantwortung für Ihre Situation, indem Sie ins Anwenden und Handeln kommen. Sie säen jetzt und ernten schon bald.

Denken Sie nur daran, dass Sie „sauber" programmieren, den Weg dabei außer Acht lassen und andere Menschen nicht manipulieren. Sie programmieren immer zum Wohle aller. Wenn Sie beruflich erfolgreich sein wollen, definieren Sie, was das für Sie bedeutet.

Fehlen Ihnen Ziele? Dann nutzen Sie die 7-Schritte-Technik, die ich Ihnen hier mitgegeben habe. Schreiben Sie sich alle Ziele auf und heften Sie sie in einem Ordner ab. Sogar das

Aufschreiben bewirkt schon die Programmierung. Sie erinnern sich: „Am Anfang war das Wort". Sie werden mit Sicherheit immer besser im Ziel finden und im Programmieren. Lassen Sie sich nicht aus der Bahn werfen. Übrigens: sobald Sie klare Ziele haben, sind sie nicht mehr so leicht von anderen Menschen zu manipulieren. Das ist doch ein toller Vorteil, oder?

Wenn es Ihnen leichter fällt - den meisten Menschen geht es so -, dann schaffen Sie sich Rituale für das Programmieren. Ziehen Sie sich beispielsweise immer zur gleichen Zeit in Ihren Sessel zurück. Nutzen Sie meditative Musik mit Alpha-Wellen. So kommen Sie ganz einfach in den Alpha-Zustand und die Programmierung kommt auch in ihrem Unterbewusstsein bzw. im Universum an.

Machen Sie mindestens einmal am Tag Ihre Übung aber auch nicht häufiger als drei Male. In einer Trainingssitzung sollten Sie höchstens fünf Ziele der Reihe nach programmieren. Wenn Sie damit fertig sind, kehren Sie ins Wachbewusstsein zurück.

Machen Sie sich keine Gedanken um den Weg.
Der Weg wird sich ergeben. Das ist wirklich so
sicher, wie das Amen in der Kirche! Überlassen
Sie die Wahl des Weges dem Universum.

Gehen Sie mit offenen Sinnen durch Ihr Leben.
Und denken Sie daran, dass das Leben ein
Fließen, ein Geben und Nehmen ist. Es ist
dynamisch und es verändert sich ständig. Lernen
Sie, Veränderungen anzunehmen und die
Chancen darin zu finden. Halten Sie niemals am
Ist-Zustand fest. Leben ist Fluss, Stillstand ist der
Tod.

So wie sich das Leben verändert, so können sich
auch Ihre Ziele verändern. Vielleicht haben Sie
heute noch ein anderes Ziel vor Augen als Sie es
morgen haben? Das ist völlig in Ordnung! Sie
können jederzeit neue Ziele programmieren!
Sogar während der sieben Tage, an denen Sie
gerade ein Ziel programmieren, verändert sich Ihr
Leben vielleicht bereits. Da Sie im Alpha-Zustand
programmieren, können sich schnell neue Dinge
ergeben, denn in diesem Zustand haben Sie den
besten Zugang zu Ihrer Intuition. Sie bekommen

Ideen zu zusätzlichen Aspekten Ihres Zieles, es wird im Laufe der Woche immer runder. Freuen Sie sich darüber und passen Sie das Ziel sanft an.

Haben Sie Ihr Ziel erreicht, dann sollten Sie bereits das nächste Ziel im Visier haben. Dieses Ziel sollte eine Stufe über dem erreichten liegen. Und es geht nicht darum, dass Sie erst 200 Euro Gehaltserhöhung und danach 400 Euro programmieren. Es geht um die Tiefe, die höhere Qualität und den größeren Nutzen Ihres Zieles.

Bleiben Sie im Fluss, indem Sie immer neue Ziele finden. Ist der Moment erreicht, in welchem Sie keine Ziele mehr haben, beginnt Ihr Sterbeprozess. glauben Sie mir nicht? Denken Sie doch mal an die vielen Menschen, die schon kurz nach der Rente sterben. Sie sterben, weil Sie keine Ziele mehr vor Augen haben. Auch mein Schwiegervater hat nicht mehr sehr lange gelebt, nachdem er in seinen Vorruhestand gegangen ist. Er ist sterbenskrank geworden und hat sein jüngstes Enkelkind kaum mehr richtig kennenlernen können.

Zu einem wollte ich noch kommen. Ich habe quasi zwischendurch immer einen Einwand von Ihnen gehört. Ich schreibe hier immer munter, dass das Ziel im Mittelpunkt stehen soll. Hat nicht Konfuzius damals gesagt: „Der Weg ist das Ziel"? Ja, das hat er - und er hat auch recht. Es ging ihm darum, dass der Mensch immer im Fluss sein soll, also das Ziel, ständig auf dem Weg zu sein und sich nicht hinzusetzen und zu rasten.

Es spricht überhaupt nichts dagegen, wenn Sie sich materielle Ziele programmieren. Wenn es Ihnen gut geht, können Sie auch leichter gut zu anderen Menschen sein. Am Ende finden Sie ohnehin zu dem einen erstrebenswerten Ziel: Das Einssein im Hier und Jetzt. Dann merken Sie sicher, dass das Affentheater hier völlig widersinnig ist.

Programmieren Sie mit Liebe und Hingabe. Wenn Sie alles auf diese Weise tun, dann bekommt es die höchste Qualität. Lieben Sie sich - und lieben Sie die anderen Menschen. Auf diese Weise werden sich alle Ihre Sorgen und Nöte in Luft auflösen. Gucken Sie ab und an mal auf, ob Sie vielleicht gerade in eine Einbahnstraße geraten sind. Oder ob Ihre Mitmenschen sich dort befinden. Dann können Sie oder Ihre Mitmenschen nicht die Ganzheit des Lebens wahrnehmen. In einem solchen Fall hilft stets der Perspektivwechsel.

Beobachten Sie sich und Ihr Verhältnis zum Geld. Sie können nicht glücklich und wohlhabend werden, wenn Sie dazu kein gutes Verhältnis haben. Horchen Sie in sich hinein: Wie fühlen Sie sich, wenn Sie Rechnungen bezahlen? Halten Sie die lieber zurück? Denken Sie an den Fluss. Leben ist fließen, Geld soll fließen.

Auch dann, wenn Sie nicht wohlhabend sind, lassen Sie in Ihrem Rahmen das Geld fließen. Geben Sie gerne und das Geld wird gerne wieder und in größerer Menge zu Ihnen finden.
Und noch einen Tipp. Schreiben Sie sich die drei Denkebenen ab. Hängen Sie das Blatt an Ihrem Schreibtisch auf. Versuchen Sie zu erkennen, in welcher Denkebene Sie sich jeweils befinden. Denken Sie daran, dass die Denkebene der

Schöpfung diejenige ist, mit der Sie am meisten erreichen.

Arbeiten Sie mit Menschen zusammen, die auf der mittleren oder gar unteren Denkebene verharren, dann laden Sie sie ein, auf die Ebene der Schöpfung zu kommen. Verweigern sich diese Menschen, dann lassen Sie sie links liegen. Lassen Sie sich nicht von solchen Menschen herunterziehen. Denken Sie daran, dass es in Ihnen automatisch denkt, wenn Sie diese negativen Gedanken mitgeteilt bekommen. Auf der Ebene der Schöpfung haben Sie die feinsten Schwingungen - und Sie ziehen nur Gutes in Ihr Leben!

Haben Sie sich schon die sieben Buchstaben NIPSILD auf kleine Klebezettelchen geklebt? Diese Methode sollten Sie sich in Ihr Gehirn einbrennen. Sobald Sie beginnen in Problemen zu denken, soll sofort der Schalter quasi automatisch umfallen und Sie ins Denken in Lösungen bringen. Kleben Sie die Zettel überall hin! Haben Sie ein Maskottchen? Dann nennen Sie es doch ab heute NIPSILD. Auch wenn es sich ausgesprochen etwas merkwürdig anhört, man kann es immerhin aussprechen.

Lassen Sie die vielen negativen Schlagzeilen nicht ihn Ihr Leben, nicht in Ihren Kopf eindringen, denn wie Innen, so Außen! Nutzen Sie die Spiegeltechnik um Probleme zu lösen, statt über sie nachzudenken! Binden Sie Ihre Energie in die Lösung! Der Weg wird sich ergeben. Die Wegweiser werden danach überall sichtbar. Es ist auch nicht schlimm, wenn Sie einen verpassen, der nächste wartet schon auf Sie. Mit Ihren positiven Schwingungen ziehen Sie lauter positive Dinge an.

„Wie es in den Wald hinein schallt, so schallt es heraus". Wie lassen Sie es in sich schallen? Ich kann es sehen, wie es gestern in Ihnen schallte, denn das sind Sie heute!
So, noch mehr einladen kann ich Sie nicht. Sie bestimmen, welchen Weg Sie jetzt gehen wollen. Sind Sie immer noch nicht überzeugt, dass das alles funktioniert? Dann lassen Sie es eben! Es ist ja Ihre Entscheidung. Machen Sie halt einfach nur mal die Spiegelübung - und die Erfolge stellen

sich trotz alledem ein, denn die Naturgesetze gelten, ob Sie daran glauben oder nicht!

Ich habe auch noch nie Schweine fliegen sehen - und meinen Sie, Schweine würden sich Gedanken über das Gesetz der Schwerkraft machen?

Je öfter Sie die Übungen gemacht haben, desto schneller stellen Sie fest, dass sich Ihr gesamtes Denken und Handeln verändert. Sie haben unglaublich Ziele erreicht, von denen Sie früher kaum zu träumen gewagt haben. Und darf ich Ihnen noch etwas verraten. Das alles führt dazu, dass Sie die Übungen auch ganz beiseite lassen können. Denn Sie programmieren nun automatisch auf die richtige Weise.

Dennoch tut es Ihnen ganz gewiss gut, in die Meditation zu gehen. Doch wie gesagt: Sie entscheiden!

Ich wünsche Ihnen und mir, dass Sie zu den fünf Prozent Menschen gehören… Und dass wir doch bald schon sechs Prozent ausmachen. Dass wir es schaffen, mit unserem Vorbild und unserer positiven Ausstrahlung andere Menschen einzuladen: **„You may say I'm a dreamer. But I'm not the ownly one"**!

Printed in Poland
by Amazon Fulfillment
Poland Sp. z o.o., Wrocław